卢　清◎著

卓越幼儿教师培养的
理论研究与实践探索

西南财经大学出版社

中国·成都

图书在版编目(CIP)数据

卓越幼儿教师培养的理论研究与实践探索/卢清著.—成都:西南财经大学出版社,2022.12
ISBN 978-7-5504-5557-3

Ⅰ.①卓…　Ⅱ.①卢…　Ⅲ.①幼教人员—师资培养—研究
Ⅳ.①G615

中国版本图书馆 CIP 数据核字(2022)第 176127 号

卓越幼儿教师培养的理论研究与实践探索
ZHUOYUE YOUERJIAOSHI PEIYANG DE LILUNYANJIU YU SHIJIANTANSUO

卢清　著

策划编辑:李邓超
责任编辑:向小英
责任校对:周晓琬
封面设计:墨创文化
责任印制:朱曼丽

出版发行	西南财经大学出版社(四川省成都市光华村街 55 号)
网　　址	http://cbs.swufe.edu.cn
电子邮件	bookcj@swufe.edu.cn
邮政编码	610074
电　　话	028-87353785
照　　排	四川胜翔数码印务设计有限公司
印　　刷	郫县犀浦印刷厂
成品尺寸	170mm×240mm
印　　张	14.5
字　　数	274 千字
版　　次	2022 年 12 月第 1 版
印　　次	2022 年 12 月第 1 次印刷
书　　号	ISBN 978-7-5504-5557-3
定　　价	78.00 元

前　言

百年大计，教育为本。教育大计，教师为本。《荀子·大略》曾言："国将兴，必贵师而重傅，贵师而重傅则法度存。国将衰，必贱师而轻傅，贱师而轻傅则人有快，人有快则法度坏。"① 尊师重教是我们的优良传统。发展教育的关键在教师，提高教师质量是关键②。幼儿教师是发展学前教育的关键要素，培养卓越幼儿教师成为当今社会发展和学前教育专业人才培养的必然要求。2014 年 9 月 9 日，习近平总书记在北京师范大学师生代表座谈会上提出："国家繁荣、民族振兴、教育发展，需要我们大力培养一支师德高尚、业务精湛、结构合理、充满活力的高素质专业化教师队伍，需要涌现一大批好老师。"③ 为加快提升教师培养质量，推动教师教育综合改革，2014 年 12 月，教育部发布《教育部关于实施卓越教师培养计划的意见》，明确提出："大力提高教师培养质量成为我国教师教育改革发展最核心最紧迫的任务。适应学前教育改革发展要求，构建厚基础、强能力、重融合的培养体系，培养一批热爱学前教育事业、综合素质全面、保教能力突出的卓越幼儿教师。"④

教育部于 2018 年 10 月再次发布《教育部关于实施卓越教师培养计划 2.0 的意见》，指出：围绕全面推进教育现代化的时代新要求，通过实施卓越教师培养计划，在师范院校办学特色上发挥排头兵作用，在师范专业培养能力提升上发挥领头雁作用，在师范人才培养上发挥风向标作用，培养造就一批教育情怀深厚、专业基础扎实、勇于创新教学、善于综合育人和具有终身学习发展能

---

① 荀况. 荀子·大略 [M]. 沈阳：辽宁教育出版社，1997：132.

② 顾明远，郝文武，胡金木. 重建师范教育：访顾明远先生 [J]. 当代教师教育，2017（10）：1-5，33.

③ 习近平. 做党和人民满意的好老师：同北京师范大学师生代表座谈时的讲话 [N]. 人民日报，2014-09-10.

④ 教育部. 教育部关于实施卓越教师培养计划的意见 [EB/OL]. [2014-08-28]. http：//moe. gov. cn//sorcsite/A10/s7011/201408/t20140819_ 174307. html.

力的高素质专业化创新型幼儿教师。经过五年左右的努力，办好一批高水平、有特色的教师教育院校和师范专业，师德教育的针对性和实效性显著增强，课程体系和教学内容显著更新，以师范生为中心的教育教学新形态基本形成，实践教学质量显著提高，协同培养机制基本健全，教师教育师资队伍明显优化，教师教育质量文化基本建立。到2035年，师范生的综合素质、专业化水平和创新能力显著提升，为培养造就数以百万计的骨干教师、数以十万计的卓越教师、数以万计的教育家型教师奠定坚实基础①。

师资队伍建设是提升教师教育质量的关键，教师的专业化发展决定了人才培养的质量和教学质量。卓越教师培养计划也提出了要深化教师培养各个方面的综合改革。因此，促进高等师范院校幼儿教师培养是推动学前教育发展、教师教育综合改革和全面提升教师培养质量的必然要求。卓越幼儿教师的培养，已经成为当前学前教育专业人才培养的主要方向和目标。

本书的编写基于四川省2016年第二批卓越教师培养计划"西部农村卓越学前教师培养的理论研究与实践"（项目编号zyjs1602），四川省2018—2020年高等教育人才培养质量和教学改革项目（JG2018-698）的成果。在团队共同努力下，我们进行了大胆尝试和实验研究，形成了"理实交替+多平台协作+成果转化"的人才培养特色，搭建起了与优质幼儿园、漆凉铭学前教育研究中心、革命老区留守儿童研究基地、川东北幼教联盟协同育人平台，开展产学合作、研学一体的多平台人才培养实践，倡导成果转化理念，将学校成果转化为课程作品、社会实践和公益服务。我们将卓越幼儿教师培养分成四个维度：基础理论、教学技能、艺术素养、科研能力，以任务清单的方式，在每一学期向学生下发学习清单，教师将课程教学内容与任务清单相结合，大胆进行课堂改革，发挥小课堂的大作用，向课堂40分钟要质量；学生在完成课内学习任务的基础上，学有余力，按照自己的学习兴趣和学习能力组成学习小组和兴趣社团，选择卓越幼儿教师培养项目学习清单中的任务，主要利用课外学习时间和休息时间进行学习和培养。该项目旨在推进优质教育资源共享理念的落实，培养大学生自主学习的习惯和能力，将幼儿教师的培养目标定位在全科性和全领域性，补充和完善课堂教学的不足，提升大学生的学习主动性和积极性。

参与本项目研究和实践探索的成员，有西华师范大学学前教育卓越项目教师团队、研究生团队，以及来自南充市教科所和南充市、重庆市、成都市的知名幼儿园的许多经验丰富的园长和一线幼儿教师。尽管每个成员都有不同的见解、不同的个性以及不同的经历，但是卓越幼儿教师培养项目的向心力、凝聚

---

① 教育部. 教育部关于实施卓越教师培养计划2.0的意见[EB/OL].(2018-09-30)[2018-10-10].http://moe.gov.cn/srcsite/A10/s7011/201810/t201810/t20181010_350998.html.

力，让团队一直保持着思想碰撞、善于分析求真、勇于倾听意见、乐于合作探究的良好氛围，成员间共同而清晰的使命意识，促成了一个为卓越幼儿教师的培养不遗余力、不计报酬、高效的、共同发展的学习共同体。

本书由卓越幼儿教师培养项目解读、卓越幼儿教师培养的理性思考、卓越幼儿教师培养的实践探索及卓越幼儿教师培养效果评价四个部分组成。其中卓越幼儿教师培养项目解读包括项目背景、项目理念、项目实施路径等；卓越幼儿教师培养的理性思考包含对本科院校学前教育专业人才培养的相关研究，一是对本科院校卓越幼儿教师人才培养的课程设置研究，二是卓越教师培养计划下本科院校学前教育专业教育实习研究，三是卓越教师培养计划下本科院校学前教育专业教师教育课程改革研究，以期帮助本科院校在人才培养计划的制订和实践过程中，根据用人单位、社会、家长、学生对高校的需求，制定出合理的人才培养目标、课程体系、保障机制。

本书在写作过程中得到了卓越项目组曾彬、史丽君、高蕊、王越、刘蕾、唐鹏、李雨姝、杨川林等老师及研究生同学金哲、李家娴、毛晗、李雪玲等的大力支持，在此一并表示感谢！

卢清

2022 年 2 月

目　录

第一章 卓越幼儿教师培养的国家战略要求

　　教育是民族振兴、社会进步的基石，是提高国民素质、促进人的全面发展的根本途径，寄托着亿万家庭对美好生活的期盼。强国必先强教①。近年来我国在幼儿教师教育培养方面有着巨大的改进与创新，为卓越幼儿教师培养提供了政策上的规范和保障，同时对解读当前本科院校学前教育专业课程设置提供了参照标准和政策依据。

　　2011 年 10 月，教育部发布《教师教育课程标准（试行）》，提出教师教育课程设置具体要求，为高校教师教育课程设置和教学提供了规范和引导，为每一位幼儿教师专业成长提供课程保障。这是我国教育史上第一部关于教师教育课程的国家标准，意味着从师范教育转向教师教育改革将进一步深化，进入实质性的课程改革阶段②。2012 年 2 月，教育部颁布《幼儿教师专业标准（试行）》，明确了一名合格幼儿教师的道德坐标、知识坐标和能力坐标，成为我国幼儿教师专业化进程的重要里程碑③。幼儿教师专业素质应达到的基本要求自此开始有了国家层面上的规定，为幼儿教师培养应达到的基本目标确立了重要参数。2013 年 8 月，教育部颁布《中小学教师资格考试暂行办法》及《中小学教师资格定期注册暂行办法》，规定中小学教师资格每 5 年注册一次，以师德表现、年度考核和培训情况为注册条件的主要依据，教师资格证书不再终身有效④。幼儿教师职业开始更加严格的准入制度，从而保障幼儿教师队伍质量。2014 年 9 月发布的《教育部关于实施卓越教师培养计划的意见》，提出以

---

　　① 教育部. 国家中长期教育改革和发展规划纲要（2010—2020 年）［EB/OL］.（2011-10-29）http://old.moe.gov.cn/publicfiles/business/htmlfiles/moe/info_list/201407/xxgk_171904.html.

　　② 陈红艳.《教师教育课程标准（试行）》视角下的教师教育课程设置与教材建设的思考［J］. 中国教师，2013（15）：59-61.

　　③ 顾明远. 小学教师专业标准说明［N］. 中国教育报，2011-12-14.

　　④ 曲铁华，于萍. 改革开放 40 年教师教育改革与未来展望［J］. 教育研究，2018（9）：36-44.

实施卓越教师培养计划为抓手，突出实践导向的教师教育课程内容改革，推动以师范生为中心的教学方法变革，开展规范化的实践教学，从而推动高等师范院校深化教师培养机制、课程、教学、师资、质量评价等方面的综合改革①。2016年3月，教育部在颁布的《关于加强师范生教育实践的意见》中指出，要想为从事教育教学工作和专业的发展奠定扎实的基础，就要通过教育实践促进师范类学生在教育教学工作、专业知识、教育教学能力中有更深入体验，更好地理解和更好地掌握②；2017年，教育部正式颁布了《普通高等学校师范类专业认证实施办法（暂行）》，（以下简称《专业认证标准》）其中依据国家的相关教育法规和幼儿教师专业标准、教师教育课程标准等相关要求，将"学前教育专业认证标准"划分为一、二、三3个等级，从学前教育的本、专科实际需求出发，更好地适应和满足当前幼儿教育的发展。教育部颁布的3个文件中都对实践环节提出了相应的要求，而教育实习是教育实践中重要的环节，因此在高等师范院校学前教育专业幼儿教师培养过程中，需要对各个标准中教育实践的要求做出统整。教育部于2018年9月又出台了《教育部关于实施卓越教师培养计划2.0的意见》，在意见中明确提出要深入实施"卓越教师培养计划"，建设一流高等师范院校和一流师范专业，分类推进教师培养模式改革。这两个文件的出台反映了国家对培养卓越教师非常重视，我国高等师范院校培养模式不合理，所以教师教育课程改革刻不容缓。然而，教师教育课程改革的主要依据是《教师教育课程标准（试行）》，首先提出了教师教育课程设置的基本理念是"育人为本""实践取向"和"终身学习"；进而阐述了幼儿园、小学、中学各个阶段职前教师的课程目标和具体的课程设置。其中课程目标分别从教育信念与责任、教育知识与能力以及教育实践与体验三个方面进行说明，课程设置根据各个阶段教师的具体情况进行确定。这些标准和意见为我国教师教育课程改革指明了方向。教师教育课程体系构建最终也是为了服务于培养卓越教师而进行的。

卓越幼儿教师培养计划的推行，推动我国幼儿教育事业发展质量从根源上得到提升，为幼儿教师培养质量起到全面引领的作用，也为高校学前教育专业人才培养方案确立了方向。这些政策为高校卓越幼儿教师培养提供了政策上的支持和规范。

---

① 童安. 卓越教师培养计划背景下的教师教育课程改革探索：以学前教育学课程为例［J］. 荆楚学刊，2016（17）：6.

② 教育部. 教育部关于加强师范生教育实践的意见［EB/OL］.（2016-03-17）［2022-11-30］. http://www.moe.edu.cn/srcsite/A10/s7011/201604/t20160407_237042. html.

一、对学前教育专业幼儿教师培养的要求

（一）基于《幼儿园教师专业标准》的基本理念

《幼儿教师专业标准（试行）》（以下简称《专业标准》）的基本理念是幼儿为本、师德为先、能力为重、终身学习。它的基本内容从三个维度：专业理念与师德、专业知识和专业能力，以及十四个领域，明确了对幼儿教师的要求。

从《专业标准》的四个基本理念出发，可以看出当前学前教育发展的新方向。首先，幼儿为本是要将教育活动的主体从教师转向幼儿，让幼儿在教育活动中拥有主动权。因此幼儿教师在实施教育时应当尊重幼儿的身心发展特点和保教结合的活动特点，要热爱幼儿，尊重幼儿，促进每个幼儿身心全面健康的发展。师德为先，是指幼儿教师在开展教育教学活动的过程中，要把师德放在首要的位置上。师德就是教师的职业道德，是教师在从事教育教学活动的过程中，必须要遵循的各种行为规范和所应具备的道德品质。教师要先热爱自己的职业，热爱教育事业，有高度的责任感，有很强的事业心，才能做幼儿健康成长路上的启蒙者和指引者。能力为重，是要求幼儿教师不仅要具有学前教育专业能力，还要有突出的幼儿保教能力、自身反思能力和自主专业发展能力等，这也体现出了《专业标准》对幼儿教师专业化的要求。最后，当代教育发展中的大趋势，终身学习是每位教师都应当必备的，这就要求教师在日益更新的时代教育之下，不断地优化自己的知识结构，同时教师还要具备国际视角，拓宽自身视野，了解国内外教育改革发展的经验，做一名有思考的研究型教师。基于《专业标准》对幼儿教师专业化发展的要求，对幼儿教师的培养应当落实到每一个要求的具体环节，以期培养出卓越的幼儿教师。

（二）基于《学前教育专业认证标准》的基本理念

在《学前教育专业认证标准（第一级）》中，提出的是国家对学前教育专业办学的基本要求，从四个维度即课程与教学、合作与实践、师资队伍、支持条件出发，制定了15项标准。《学前教育专业认证标准（第二级）》则是国家对学前教育专业教学质量的合格要求。在上一级标准上增加了四个维度：培养目标、毕业要求、质量保障、学生发展，特别是在毕业要求这个维度中提到，根据幼儿教师专业标准，毕业时要达到培养目标，其中涵盖的内容有：践行师德、学会教学、学会育人、学会反思。《学前教育专业认证标准（第三

级)》是国家针对学前教育专业教学质量的卓越要求，这一项是专门针对教育部关于实施卓越教师培养计划的意见制定的。同样也是从第二级的八个维度出发，但是每个维度的要求都是从更高标准提出的，特别是在毕业要求这个维度中的学会发展一项提出：自主学习、国际视野、反思研究、交流合作。可以感受到对于卓越教师的要求更需要教师树立终身学习的意识，并且还要具有全球意识和开放心态，做一名具有团队协作意识的、反思型的教师。最后在对于学生发展这个维度中，第三级标准提出要持续支持，对于毕业五年之内的师范生要进行跟踪服务，为他们提供持续学习的机会和平台。因此，基于《学前教育专业认证标准》的三个认证等级的要求，可以看出对于幼儿教师的培养要从多个方面出发，加强师范生的实践能力，提升师范生的综合素质，扎实培养出卓越的幼儿教师。

（三）卓越教师培养计划对幼儿教师培养的要求

从《教育部关于实施卓越教师培养计划的意见》中对学前教育改革提出的几点要求可以看出，首先要求强调宽厚的基础，幼儿教师对幼儿进行教育的内容不仅要具有知识上的启蒙性，还要在知识范围上具有广泛性和综合性。因为幼儿教师与中小学教师不同，幼儿教师要求的是全科型的教师，这就决定了幼儿教师的知识结构要具有广而全的特点。所以在幼儿教师培养中不仅要求要有基本的专业技能和素养，还要有全面的知识体系。其次，要求幼儿教师要具备多样化的教学能力、重视自身的研究能力和自我发展能力。因为幼儿园的教师不仅仅只是为孩子们唱歌、跳舞、讲故事，还应当从幼儿的身心特点、年龄特点出发，了解幼儿、教育幼儿、研究幼儿，用有效的方式进行教育活动，以更好地教育教学促进幼儿全面发展。自我发展能力要求幼儿教师学会在实践中不断地自我反思，并且能够与同伴合作交流，发现问题、解决问题和总结经验，实现自己专业能力的持续发展。此外，也要求幼儿教师要学会多维度的融合。幼儿教育需从哲学、社会学、文化学、心理学等多方出发对幼儿产生影响。在对幼儿教师进行培养的过程中要体现多学科的融合。学生在学习的过程中还要扩展国际视野，学习欧美发达国家教育的新知识、新理念，并将自己学到的理论知识与实践经验有效结合起来。

以上四点要求是卓越幼儿教师人才培养最为根本的，结合《幼儿教师专业标准（试行）》和《学前教育专业认证标准》对幼儿教师培养提出的要求，高等师范院校在学前教育专业幼儿教师培养过程中要树立良好的职业道德、培养扎实的教学能力、科研能力、反思能力和自主发展能力。

二、培养卓越幼儿教师对课程目标的要求

培养目标是人才培养的最初起点和终极归旨。① 结合《教师教育课程标准（试行）》《幼儿园教师专业标准（试行）》《普通高等学校师范类专业认证实施办法（暂行）》及幼儿教师资格证"国考"变化等政策对幼儿教师培养提出的要求，针对培养卓越幼儿教师课程目标设置应该涵盖的内容，笔者从以下几方面进行分析：

（一）师德为先：职业准则和规范

幼儿教师职业道德不论是在道德规范上，还是在幼儿教师个人的道德素质上，都具有较高层次的要求。幼儿教师在社会发展中承担着培养一代新人的历史重任，其工作是以自己的学识、情感、世界观和灵魂去塑造幼儿。这项工作不仅是知识技能的传授，更是以灵魂塑造灵魂。幼儿教师工作性质的特殊性决定了幼儿教师的职业道德要具有更高的境界和要求。正如夸美纽斯所言："教师应该是道德卓异的优秀人物。"② 形成专业理念与师德是幼儿教师教育的方向保证，更是幼儿教师从业的基本前提和底线。

教育活动首先就是道德活动，中国自古以来就重视师德，以"师德为先"为理念，体现了对优秀传统文化的传承。"师德为先"也是幼儿教师应具备的专业理念，把服务对象幼儿和社会的发展放在首要位置。对于具有模仿学习特点的幼儿来说，幼儿教师是幼儿模仿的重要对象，幼儿教师的一举一动、一言一行，都会对幼儿的成长产生较大的影响。因此，师德对于幼儿教师来说，是教师的灵魂所在，是决定其有无资格做教师的首要因素，即职业的"第一通行证"。

（二）幼儿为本：职业理念和知识、能力

幼儿教师的工作是对教育对象——3~6岁的幼儿开展保教活动，幼儿教师的专业发展体现在专业信念、专业知识与能力和专业实践的发展上，而这些发展最终要落脚到针对教育对象幼儿的发展提升上。因此，幼儿教师首先要树立

---

① 袁靖宇. 高校人才培养方案修订的若干问题 [J]. 中国高教研究，2019（2）：6-9.
② 朱法贞. 教师伦理学 [M]. 杭州：浙江大学出版社，2001：52.

幼儿为本的专业理念，尊重幼儿权益、以幼儿为主体，幼儿园教育活动的开设应充分调动和发挥幼儿自身参与及学习的主动性，开展适宜幼儿身心发展的保教活动，从而促进幼儿快乐全面健康地成长。在卓越幼儿教师培养课程目标中，高校教师教育课程就必须引导准幼儿教师深刻认识"幼儿为本"的重要所在，以促进幼儿快乐全面健康成长为提升自己专业发展的出发点，将保障幼儿的健康成长作为自己专业实践的终极追求。

综合的教育知识与能力是幼儿教师必备的专业素养，是幼儿教师开展保教工作的基本要求和根本保证。高校学前教育专业开设教师教育课程，能够有效培养和提升准幼儿教师的综合教育知识与能力。教师教育课程应促进学前教育专业学生形成理解幼儿的知识与能力，理解幼儿为本的基本理念；通过高校课堂对幼儿教育原理、幼儿心理学、婴幼儿保教及幼小衔接等知识的传播与学习，以及开展幼儿园见习、实习等实践锻炼活动，促进学前教育专业学生具有教育幼儿的知识与能力是幼儿园职前教育课程的核心目标；通过教师教育课程，学前教育专业学生逐渐树立职业理想，不断地提升自我专业知识与能力，从而逐渐成为专业型幼儿教师。

（三）终身学习：职业可持续发展

联合国教科文组织在《学会生存》报告中提出："未来的文盲不再是不识字的人，而是没有学会怎样学习的人。"担负培养具有终身学习理念的幼儿教师，首先自身要具备终身学习的意识和能力。幼儿教师要主动适应经济社会和教育发展的要求，不断优化知识结构，不断提高文化修养，做终身学习的典范。教师教育课程倡导"终身学习"的理念，即期望能为教师的终身专业发展提供支持。因此，高校幼儿教师教育课程首先应当致力于让准幼儿教师认识专业发展是一个持续终身的过程，树立终身学习、终身发展的观念。其次，教师教育课程应当精选对幼儿教师专业发展有终身价值的内容，为准幼儿教师的专业发展提供知识基础。而相对于知识而言，对专业发展更为重要的是教师的批判反思能力，具备科研创新理念，因而高校学前教育专业课程应当高度重视准幼儿教师批判性反思能力的养成，推动准幼儿教师通过共同体的合作学习和自主探究实现专业发展，让学前教育专业学生获得专业发展的方法和策略。

（四）重视实践：实践能力和实践智慧

高校教师教育课程目标要求体现"实践取向"理念，丰富的教育实践与体验也是幼儿教师专业化发展的必要条件。当前幼儿教师资格证考核的核心内容也是教师实践能力。因而，高校学前教育专业课程应当切实联系课程设置中"关注幼儿""关注教育教学"和"关注幼儿教师自身"三项，使得学前教育专业学生在丰富的教育实践与体验中观察幼儿、了解幼儿、感知幼儿身心发展特点，理解幼儿园教育教学活动，感受幼儿教师职业特点与责任，形成并深化正确的幼儿观、教育观和教师观，坚定幼教事业奋斗的教育信念与责任，提升理解幼儿、开展幼儿园教育教学活动的能力，在教育实践过程中推进和实现学前教育专业实践取向的课程目标。

三、培养卓越幼儿教师对课程结构的要求

（一）优化教师教育课程结构

长期以来，人们对教师、教师教育、教师教育课程的认识存在偏差，教师教育课程被认为是"鸡肋"，被定位为"公共课"，其对教师教育的专业素养的形成作用被忽视，课时、学分都被压缩到最低①。因而，卓越教师培养计划明确要求："要建立模块化的教师教育课程体系，构建公共基础课程、学科专业课程、教师教育课程比重适当、结构合理、理论与实践深度融合的课程体系。"② 2017年，在教育部发布的《普通高等学校师范类专业认证实施办法通知（试行）》中，对学前教育专业认证标准中的课程与教学维度做了结构上的划分及学分要求，具体如表1-1所示：

表1-1 《学前教育专业认证标准》节选

维度	检测指标	参考标准
课程与教学	教师教育课程学分	必修课≥44学分③ 总学分≥64学分
	人文社会与科学素养 课程学分占总学分比例	≥10%
	支撑幼儿园各领域教育的 相关课程学分占总学分比例	≥20%

① 教育部教师工作司. 教师教育课程标准（试行）解读［M］. 北京：北京师范大学出版社，2013：63.

② 教育部. 教育部关于实施卓越教师培养计划的意见［EB/OL］.［2014-08-28］. http://www.moe.gov.cn/srcsite/A10/s7011/201408/t20140819_174307.html.

③ 本书只摘出认证标准对学制为本科四年的学分要求。

根据表1-1，师范类专业认证标准将高校学前教育专业课程划分为教师教育课程模块、人文社会与科学素养课程模块及支撑幼儿园各领域教育的相关课程模块，各个模块在学分比重上有着不一样的要求。

（二）强化教育实践环节

《教师教育课程标准》中特别强调"教育实践课程"，明确规定：教育实习见习必须达到18周，也就是一个学期。卓越教师培养计划同样也提出要开展规范化的实践教学，将实践教学贯穿培养全过程，分段设定目标，确保实践成效。

高效的教学实践能力是整个教育教学工作的关键，因而强化教育实践环节，更有利学前教育专业学生其在职前教育阶段关注幼儿园实践教育活动的现状，切实提升自我专业知识和能力，加快自身专业化发展程度。同时也能够强化实践意识，关注幼儿教育的现实问题，在教育教学情境中提升自我专业能力，提升自我专业理念、强化专业认同感。

（三）丰富教育课程的选择性

《教师教育课程标准》课程结构具有选择性的特点，主要体现在它没有具体规定哪些科目或模块为选修科目或选修模块，没有规定某一学科或模块的学分值，没有规定最高学分数，没有规定各学习领域具体应修习的学分数，没有规定必修和选修学分数，没有规定具体模块学分数以及课时数等。因而，对于高校学前教育专业课程设置而言，应当遵循《教师教育课程标准》的要求，尽可能多地为学前教育专业学生提供多元化的课程选择，使其在学习和完成国家规定的教师教育课程和学分结构的基础上，对教育课程有更多的选择，满足学前教育专业学生选修课程的多样化需求。

四、培养卓越幼儿教师对课程内容的要求

（一）扎实专业知识基础教育

"教师的知识和认知影响到教师教育教学的各个方面，如教师对课堂的理

解、对教科书作用的认识、对学生的看法、与学生的关系等。"①幼儿教师所具备的专业知识是组织开展幼儿园教育教学活动的关键承载物，也是幼儿教师专业化发展中的赋权保障。因此，扎实学前教育专业学生的专业知识是提高幼儿教师素质的必备条件。

根据幼儿园保教活动的需要，作为一名幼儿教师首先要具有引领幼儿健康发展的知识，掌握幼儿身心发展的规律、特点和个别差异，具有解决幼儿发展过程中的常态问题和特殊问题的对策和方法，保证孩子的健康成长②。其次，幼儿教师要拥有深厚的幼儿保育和教育知识。幼儿教师的职业特点是保教合一，促进幼儿身心健康全面成长。幼儿教师对于保教知识的理解和掌握的熟练程度，往往会直接影响个人今后在开展幼儿园教育教学活动中的价值判断和选择，进而影响幼儿园保教工作实践进程和质量。掌握扎实的保教知识也是幼儿教师保教能力形成的基石。保教能力的提升离不开幼儿教师自身对保教知识的掌握。此外，幼儿教师还应具备广博的通识性知识。通识性知识是孕育幼儿教师文化素质和教育素质的"土壤"，也是幼儿教师有效开展教学实践的必备"教学内容知识"③。

（二）重视师德养成教育

师德，即教师的职业道德，是教师在教育教学过程中必须遵循的各种行为准则和道德规范的总和。师德是幼儿教师最基本、最重要的职业准则和规范④。

教师职业道德既反映社会道德的要求，同时又是针对教师职业活动领域各种关系提出的规范要求。职业道德教育对于我国幼儿教师培养及学前教育事业的质量提升，具有至关重要的意义。职业道德教育是幼儿教师的行为指南，通过良好的职业道德教育，能够进一步提升幼儿教师的整体职业道德与素养⑤。高校学前教育专业课程重视师德养成教育，培养有理想信念、有道德情操、有

---

① 陈向明. 实践性知识：教师专业发展的知识基础 [J]. 北京大学教育评论，2003（1）：105-111.

② 马丽枝，蔡玉成.《幼儿园教师专业标准》视域下的课程体系建构：基于佳木斯大学学前教育专业课程建设的思考 [J]. 佳木斯大学社会科学学报，2014（3）：151-153.

③ 教育部教师工作司. 幼儿教师专业标准（试行）解读 [M]. 北京：北京师范大学出版社，2013：96.

④ 教育部教师工作司. 幼儿教师专业标准（试行）解读 [M]. 北京：北京师范大学出版社，2013：33.

⑤ 楚翘. 当前幼儿教师职业道德研究 [D]. 齐齐哈尔：齐齐哈尔大学，2015.

扎实学识、有仁爱之心的"四有"幼儿教师，引导学前教育专业学生做学生锤炼品格的引路人、做学生学习知识的引领人、做学生创新思维的引路人、做学生奉献祖国的引路人，坚持教学和育人相统一、坚持言传和身教相统一、坚持潜心问道和关注社会相统一、坚持学术自由和学术规范相统一。

（三）丰富课程教学内容，突出实践导向

在我国大部分高等师范院校里，长期以来教师教育课程都是作为公共课开设的，课程内容主要以"教育学""心理学""教学法"三门传统的教师教育课程为主体，缺乏对幼儿园教育教学实践的有效关注及深入研究，基本也不能反映出当前有关教育学、心理学及学前教育领域的最新研究成果，存在高校教师教育与基础教育改革和实践脱节等问题。另外，学习者普遍认为学习这类课程只是为了应付学校的考试、混学分，简直就是在浪费时间，学习这类课程对教学实践的指导作用也非常有限[①]。

针对传统教师教育课程设置及实践中存在的课程内容陈旧、脱离基础教育和学术前沿等问题，高校学前教育课程应当遵循《教师教育课程标准》的要求，将关于幼儿教育的前沿知识、学前教育改革和学前教育研究最新成果充实到教学内容中，按照幼儿园职前教师教育课程设置的六大学习领域：儿童发展与学习；幼儿教育基础；幼儿活动与指导；幼儿园与家庭、社会；职业道德与专业发展；教育实践的模块要求，开设丰富的教学活动，并在教学内容和课程设置中突出实践导向，着力提升学前教育专业学生的学习能力、实践能力、创新能力以及信息素养和利用信息技术的实践反思研究能力。

五、对学前教育专业教育实习的要求

（一）对教育实习设置的要求

课程设置一般都是指学校选定的各种类课程的设立和安排，包括合理的课程结构和课程内容等。高等师范院校中教学实践环节的课程设置包括了实践目标、实践内容、实践课程结构等。学前教育专业教学实践环节中，教育实习是非常重要的环节，其设置包括了实习的目标、实习的内容和实习的安排等。

---

① 陈红艳.《教师教育课程标准（试行）》视角下的教师教育课程设置与教材建设的思考[J]. 中国教师，2013（15）：59-61.

《幼儿教师专业标准》指出，幼儿教师要以能力为重，这就要求教师不仅要具有专业能力，还要有突出的保教能力、专业实践反思能力等。因此，在教育实习的设置中，要重视幼儿教师职业特点，重视社会实践和教育实习、科学设置教育实习内容，促进幼儿教师培养的专业化的发展，在进行教育实践的过程中，还要重视培养学前教育学生的高尚师风和坚定的教育信念。《关于加强师范生教育实践的意见》指出，要明确教育实践的目标任务，教育实践要通过系统设计和有效指导，能深入掌握班级管理等；构建全方位的教育实践内容体系，教育实践贯穿教师培养全过程，促进师范生理论与实践的深度融合；设置足量的教育实践课程，以教育见习、实习和研习为主要模块，并且还要构建全方位的教育实践内容体系，教育实践累计不少于 1 个学期。《学前教育专业认证标准》提出，教育实践的实践不能少于 1 个学期，各个教育实践环节（教育见习、教育实习、教育研习）不仅要具有连贯性，还要有足够的深度、广度和多样性，除此之外，还要与其他教育环节有机衔接起来。

可以看出，以上围绕教育实习设置的三个维度出发，明确保教结合的教育实习目标、重视教育实习环节和丰富教育实习内容。因此，基于卓越教师培养计划中提出的促进培养模式改革和提高实践教学质量的要求，高等师范院校学前教育专业教育实习设置应当确立培养擅长保教的幼儿教师目标、丰富的教育实习内容、建立健全贯穿培养全程的实践教学体系。

（二）对教育实习开展方式的要求

《幼儿园教师专业标准》中提出教学实践的开展方式，要改革教育教学方式，围绕社会需求，让师范生掌握必备的专业知识、教育教学技能，注重幼儿园知识与高校学术知识相结合，大胆开展保教实践，不断创新。在《关于加强师范生教育实践的意见》中提出，教育实践的形式要不断地丰富创新，通过采取多种教育实践的手段来开阔师范生的视野；要规范教育实习，实习前中后都要有明确的要求、严格的监督和考核评价；全面推行教育实践"双导师制"，师范生的实习要有高等师范院校和实践基地园双方指导教师共同指导；对多方参与的教育实践考核评价体系进行完善。《学前教育专业认证标准》中同样指出，高校、地方教育行政部门和幼儿园要建立互利共赢、持续稳定的合作伙伴关系，教育实践和教育教学研究需要有足够的基地园；有数量充足的教育实践指导教师，实行高校实习指导教师和幼儿园实习指导教师共同指导师范生的"双导师"制度；师范生教育实践的表现评价方式要科学有效。

从开展方式来看，以上都共同提出了采用多种教育实践的手段、实行

"双导师"制度、完善科学的实践考核评价。基于卓越教师培养计划中提出的，要构建"厚基础"和"强能力"的培养体系，高等师范院校学前教育专业教育实习的开展方式应当是丰富的教育实习形式、实行教育实习园校合作模式、"双导师"实习指导制度和多元的实习评价体系。

（三）对教育实习实施保障的要求

教育实习实施保障是完成高等师范院校教育实习任务所采取的各项保障措施，是组织实施教育实习的物质基础，是保证教育实习工作顺利进行的前提。《关于加强师范生教育实践的意见》中提出，要协同建设长期稳定的教育实践基地，能够有充足的实践岗位、充分的实践机会、有效的实践指导等提供给师范生；建立健全指导教师激励机制，高校和幼儿园都应当将师范生的教育实践指导作为教师评职晋级的一项重要依据；切实保障教育实践经费投入，建立教育实习经费保障机制，加大教育实践经费投入。《学前教育专业认证标准》在"实施保障"中指出，要保障师资队伍建设，指导教师要熟悉学前教育，至少有一年幼儿园教育的经历，才能够承担教育课程；建立教师培养质量保障体系，对幼儿教师培养的过程进行有效的监督。

从实施保障来看，都提出了要加强教师教育师资队伍建设、建设稳定教育实践基地、保障教育实践经费。卓越教师培养计划中指出，要建设优质教育实践基地、建立合作共赢长效机制、建强优化教师教育师资队伍、构建政府高校和幼儿园三级实施体系、加强政策支持、加大经费保障和强化监督检查。因此，高等师范院校学前教育专业教育实习的实施保障应该加强实习指导队伍建设和实习基地建设，加强政府的监督，做好资金保障工作。

第二章　卓越幼儿教师培养研究综述

百年大计，教育为本；教育大计，教师为先。教师是立教之本，是兴教之源。幼儿教师承担着帮助每个孩子健康成长的重任，卓越幼儿教师是优秀幼儿教师的代表，推进幼儿教师整体素质的提高需要重视对卓越幼儿教师的培养。为顺应时代发展的新要求，贯彻实施习近平总书记提出的建设新时代中国特色社会主义教育思想以及实施我国教师教育的全面深化改革，教育部颁布了《教育部关于实施卓越教师培养计划的意见》（教师〔2014〕5号）。在2014年卓越教师培养计划意见的基础上，2018年又出台了卓越教师培养计划2.0的意见。2018年2月，《教育部等五部门关于印发<教师教育振兴行动计划（2018—2022年）>的通知》更进一步强调深入实施"卓越教师培养计划"。

卓越幼儿教师整体文献情况见图2-1。

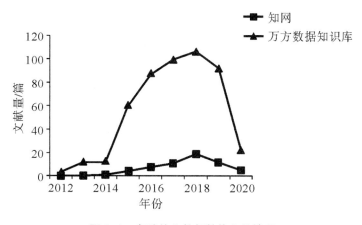

图2-1　卓越幼儿教师整体文献情况

根据在中国知网和万方数据知识服务平台检索"卓越幼儿教师"得到的文献整体情况来看，两个平台关于"卓越幼儿教师"的文献发表数量从2012年开始增加，2014年到2018年快速增长，在2018年数量达到顶峰（见图2-1），其中期刊论文数量491篇占比95.34%，学位、会议论文分别仅有14篇和

9 篇，分别占比为 2.72% 和 1.75%。该情况与教育部颁布的《教育部关于实施卓越教师培养计划的意见》（教师〔2014〕5 号）分不开。我国对卓越教师培养的研究起步较晚，研究还不够广泛，已有研究主要针对国外卓越教师培养模式和发展标准对我国中小学卓越教师培养的借鉴方面。

一、卓越教师研究的国际背景是其培养示范

18 世纪下半叶，欧美国家相继开始颁布师范教育法规，师范教育开始逐渐体系化、规范化，但教师的专业地位仍然不高。1966 年，联合国教科文组织《关于教师地位的建议》中以国际文件的形式对教师的职业地位进行了首次专业认可。在 20 世纪，美国和澳大利亚是最早开始进行卓越教师计划的西方国家。到了 21 世纪，欧美各国都意识到国民素质是提升自己综合国力和国际地位的关键，而国民素质的改变又需要靠高质量的教师教育以培养出优质的教师。因此，欧美各国都把目标放在了改革教师教育、提高教师素质上，继而相继出台并实施了具有各国特色的"卓越教师计划"。这些欧美国家通过"卓越教师计划"的实施，给更多的前线教师提供了专业发展的机会和上升空间，使教师在"卓越教师计划"的背景下得到培养和提升，其中农村以及一些偏远地区的教师更是受益匪浅。

（一）英国的国际背景

英国的"卓越教师"计划最早开始于 2004 年，具体目标为：①让优秀教师在教学的每一部分都有卓越的成分；②给参与培训的教师提供一个相互交流、学习和提高的平台；③接受培训的教师要证明能有更高水平的教学和学习；④以积极的态度正视可以观测的学习和教学质量；⑤提高受训教师的教学和辅导能力，以使他们可以帮助其他教师提高教学能力。英国把改革场域主要集中在中小学而非大学，这与我国将改革试验的中心放在高等师范院校有所不同，英国的这种形式对中小学研发优质课程、丰富教师教学以及管理实践更加便捷有利①。2011年，英国又颁布了《培训下一代"卓越教师"》教育政策咨询意见稿。意见稿研究讨论了如何加深中小学和大学关于教师教育的联系合作，加大政府的财政投入以及如何使更多的优秀毕业生加入中小学教师队伍等问题。

---

① 王东杰，方彤. 英国"卓越教师计划"研究：兼谈对我国"国培计划"的启示 [J]. 中小学教师培训，2013（8）：62-64.

（二）美国、澳大利亚的国际背景

美国和澳大利亚是 20 世纪最早实施卓越教师计划的西方国家。20 世纪 80 年代，美国为促进优质教师的养成，发布了《国家为培养 21 世纪的教师做准备》和《明日之教师》两个报告。1999 年，澳大利亚也出台了《21 世纪教师》的文件，目的在于提高中小学教师的地位，发展专业水平的"卓越教师"计划，要求各地政府需以自身实际情况进行落实和实施。美国和澳大利亚为了提高教师教育的质量以及整体教师队伍的素质，在该方面关注较多，投入经费也较多。美国还成立了国家教学专业标准委员会，对评估、认证中小学优秀教师提出了系统的专业标准。除此之外，它的大学进阶预修课程（Advanced Placement Program）即 AP 课程对专家教师职业技能的提高有着积极作用。

（三）德国、法国的国际背景

德国与其他各国不同的地方在于对教师实践能力的培养尤为重视，它早在实施卓越教师计划之前就已经存在了。德国开始卓越教师计划的时间较晚（从 2012 年开始），为了提高教师的整体质量以及推动教师在国内的州际流动，鼓励各类学校教师多进行教育研究创新，但是其实际的实施过程并没有这么容易，遇到了许多阻碍。

法国重视教师教育专业的培养，设立了"教师培训大学院"，即 IUFM（Institut universitaire de formation des maitres，简称 lUFM），之后又落实了针对教师教育的国家专项计划（the National Steering Programme for Training）。

二、卓越幼儿教师的内涵界定是其培养基础

对已有 515 篇文献进行统计发现，约 153 篇文献解释了"卓越""卓越教师"和"卓越幼儿教师"。现代词典中关于"卓越"的概念是"优秀杰出，超出一般"，"卓"为高超、不平凡，"越"是度过、超过。可以理解为卓越比优秀更高一级，卓越人才是更加优秀、顶尖的人才。因此卓越幼儿教师也要比一般的幼儿教师更加突出。周先进认为所谓卓越教师，就是指具有高尚的道德素养、正确的价值取向、熟练的教学能力、科学的组织管理能力和专业发展能力的优秀教师[①]。有研究者认为，"卓越教师"是优秀教师的文学性表达，是教

---

① 周先进. 卓越教师：内涵、素质及培养 [J]. 高等农业教育，2015（08）：31-35.

师群体中的优秀者，如"一等奖"或"特等奖"之类①。另一些研究者认为卓越教师应具备的素养和能力概括为师德师风高尚、教育信念坚定、文化底蕴深厚、知识结构合理、教育思想先进、教学技能娴熟、实践反思敏锐、专业发展自主、创新能力较强②。柳海民认为卓越教师首先应是人师，卓越教师能够教人以道义、教人以知识、教人以智慧、教人以发展，善于在自己的教学中给学生以学习的兴趣、向上的精神、创造的激情和社会的责任感③。前面各学者都是对卓越教师内涵进行定义，对象主要是中小学教师，而专门针对卓越幼儿教师的内涵定义相对较少，李姗泽教授认为卓越幼儿教师的内涵特征重点是实践智慧，是促进幼儿教师专业发展的基础要点，卓越本身便与实践智慧的内涵特征分不开，没有实践智慧的教师注定无法走向卓越④。而周起煌、汤广全则以建构主义为理论基础为幼儿教师的角色定义提供新典范⑤。李敏和杨晓萍重视幼儿教师的角色转变，提倡多元共生，认为结构功能主义框架利于实现多元角色的整合，幼儿教师作为教育生活的意义共建者能彰显幼儿教师的生命尊严和主体性，也能有效引导教师专业成长，突破幼儿教师面临的三重困境⑥。综合分析会发现卓越教师的内涵定义比较中规中矩，所具备的特征是教师都需要具备的一般素养，没有突出中小学教师的特点，而卓越幼儿教师的角色定义则更有创新点和专业化，这也是幼儿教师专业的综合性、复杂性和多元化决定的。众多卓越幼儿教师定义中出现频率最高的关键词有：超越发展、专业认同感、创新意识、职业道德、沟通合作以及反思实践等。综合各学者的观点，卓越幼儿教师的内涵应包括：幼儿教师队伍中的领先者，是幼儿教师的优秀代表，能适应社会变化和专业发展的需要，主动全面发展自己，有较强的创新意识，实践能力突出，有国际竞争力的高素质专门人才，其中高尚的师德和热爱学前教育事业是基础和重点。

① 白若朴. 何谓"卓越"教师 [J]. 教育科学研究, 2017 (4): 1.

② 毕景刚, 韩颖. "卓越教师" 计划的背景、内涵及实施策略 [J]. 教育探索, 2013, (12): 108-110.

③ 柳海民, 谢桂新. 质量工程框架下的卓越教师培养与课程设计 [J]. 课程·教材·教法, 2011, 31 (11): 96-101.

④ 李姗泽. 实践智慧及其养成路径之思 [J]. 当代教师教育, 2017 (9): 50-54.

⑤ 周起煌, 汤广全. 幼儿教师的角色定位：建构主义教学理论视角 [J]. 陕西学前师范学院学报, 2020, 36 (03): 47-51.

⑥ 李敏, 杨晓萍. 由三重困境到多元共生：幼儿教师角色转变 [J]. 教育导刊 (下半月), 2015 (10): 9-13.

三、卓越幼儿教师的目标确立是其培养指南

有研究者认为在明确卓越幼儿教师培养目标时应该考虑到这些方面，幼儿教师需要培养良好的综合素质，具有扎实的专业理论知识和专业技能，同时也需要丰富的教学实践，这有利于促进我国教育教学改革工作的进一步发展。还有研究者认为我国应该与丹麦建立友好的教育交流关系，互相借鉴卓越幼儿教师培养经验，培养一批具备国际视野，可以灵活适应我国学前教育改革提出的建议，热爱学前教育事业，综合全面素质以及保教能力突出的双语艺术型的卓越幼儿教师。综上所述，卓越幼儿教师的培养目标需要明确以下几点内容：一是专业性目标，发展全面，具备专业理论知识和技能，保教能力突出的学前教育师范生；二是实践性目标，学生在入职前必须要有实践经验，在理论的指导下进行实践，不断完善教学方法，更好地将理论和实践相结合；三是创新性目标，创新能力是卓越幼儿教师必须具备的，拥有了创新能力学生的教学设计、教学活动和教学评价才可能有发展空间；四是特色性目标，培养卓越幼儿教师可以根据学生的区域差异、民族特色以及社会需求培养出各具特色的卓越人才。

四、卓越幼儿教师的专业化发展是其培养核心

2012 年《国务院关于加强教师队伍建设的意见》明确提出要大力提高教师专业化水平。在万方数据知识服务平台根据检索表达式，全部：（卓越幼儿教师）＊全部：（专业发展）共检索 162 篇文献，对检索结果进行数据分析得出教师专业发展研究从 2012 年开始快速增加，2017 年达到顶峰。幼儿教师专业发展研究机构主要集中于各高等师范院校，前三名分别是华东师范大学发文710 篇、西南大学 481 篇、北京师范大学 392 篇。高被引量文献从高到低分别是崔哲、张树雄、赖映红《人本管理与幼儿教师专业发展》（学前教育研究，2007）；宋红娟《英国"入职与发展档案"制度对我国幼儿教师专业发展的启示》（学前教育研究，2007）；杨文、张传燧《园本课程背景下我国幼儿教师专业发展存在的问题及原因探析》（学前教育研究，2008）。从被引量发现高质量文献主要发表于 2010 年左右，近几年不仅文献发表数量减少而且高引量文献极少。研究者也仍然集中于教育领域，社会其他各界对此关注度不高，从其他学科如心理学、生态学等学科入手的研究成果较少，研究深度不够。

（一）核心特征是卓越幼儿教师实现专业发展的基础要求

卓越幼儿教师的复杂性、综合性是与传统教师的差异所在，核心特征是卓越幼儿教师实现专业发展的关键基础，卓越幼儿教师具备怎样的核心特征为培养卓越幼儿教师指出了明确的目标、方向。美国的罗伯特·斯滕伯格（Robert J. Sternberg）站在教师的角度认为专家型教师应具备的三个主要特征：首先是要有丰富、合理组织了的知识结构，其次是能高效率地处理教学中各种问题的能力，最后是需要在解决教学领域的问题时具有敏锐的洞察力和创造力[①]。另一美国学者弗德曼（Feldman，1976）相比前者而言更重视学生的主体作用，提出卓越教师的特征应是主观能动性强，期望获得高成就，具有开放包容的思想，善于反思创新，教学方法效率高，能激发学生的学习兴趣，关爱尊重学生并能及时给予指导。而肯·贝恩（Ken Bain）又与斯滕伯格和弗德曼都不同的是，他认为卓越教师的关键特征涵盖正确做事和正确做人两个方面，在教学上卓越教师应遵循普遍原则，即创造一个自然的批判的学习环境，确定责任和创造多元化的体验等。国内学者通过对欧美等国家卓越计划的分析，发现这些国家对卓越教师的要求比较一致，专业品质和个人品质是国家卓越教师所需具备的特征。专业品质包含知识储备能力，教学组织和实施能力以及教学监督、评价和反馈能力。个人品质包含敏锐的实践反思能力、良好的人际沟通能力以及热情积极的态度[②]。我国各学者对卓越教师的特征研究还没有形成统一的观点，认为卓越教师的特征是一个整体概念，该特征既要有共性又要体现教师的个体和特殊性；对卓越教师的特征分析还要考虑不同地区的文化传统和不同类型院校的发展定位，主要目的是突出教师的专业性。研究者认为致力于学生及其学习，熟悉学科内容，管理和监控学生学习的责任以及对自己的实践进行系统思考并从经验中学习等是卓越教师的关键特征[③]。

我国在借鉴欧美国家卓越教师关键特征的基础上提出了自己的观点，但与前面分析美国的情况一致，特征对象主要集中于除幼儿教师之外的各级各类教师，针对卓越幼儿教师的特征研究较少。张娜、蔡迎旗等学者认为卓越幼儿教师应具备积极的教师期望增强幼儿学习效能、形成恰当的教学张力，保证幼儿

---

① RJ斯滕伯格，JA霍瓦斯，高民，等.专家型教师教学的原型观 [J].华东师范大学学报（教育科学版），1997（4）：27-37.

② 张雅静.卓越教师培养的内涵、特质及其国际经验 [J].中国高等教育评估，2017，28（4）：29-36，43.

③ 周春良.卓越教师的个性特征与成长机制研究 [D].上海：华东师范大学，2014.

真实参与、实施高效的深度教学，发展幼儿高阶思维三大特征①。分析教育部发布的一些重要精神、卓越教师标准、培养要求等文件，可以得出师德师风、职业精神、专业知识、专业能力、保教结合、创新发展等特征是幼儿教师要具备的特征。因此对卓越幼儿教师的核心特征进行梳理，按重要程度依次是卓越的个人魅力，热爱学前教育事业、关爱儿童，坚定的教育信念，自我发展完善能力强；熟练掌握理论知识和实践技能，以幼儿为本进行指导保教活动，树立终身学习观；卓越幼儿教师有自己独特的教学风格，能妥善处理课程中的问题，激发儿童兴趣，有效保持注意力等。

（二）素质结构是卓越幼儿教师实现专业发展的价值取向

教师素质是指教师作为专门的教育教学人才，从事教师职业时应该具备专业核心知识、基础性知识以及通识性素养。教育大词典对教师素质结构的解释为：有良好的个人品格，比较广博的知识，精通各学科知识，教育理论素养和身体健康等。教育部师范司认为教师素质结构应包含专业知识、专业能力、专业情意。分析已有文献发现各学者对教师专业素质结构的研究较完善，如叶澜教授把教师素质结构分为教育理念、知识结构和专业能力3部分。其中，教育理念是指符合时代精神标准的教育观、学生观和教育活动观；知识结构是指包含科学与人文基础知识、两门左右的学科性的专门知识与技能、教育学科知识等多层复合的知识；专业能力指理解他人和他人交往的能力、管理能力和教育研究能力②。还有研究者认为教师素质结构由修养、专业知能、专业信念与态度几方面组成。张传隧教授认为教师需具备爱教、能教、善教、会研的能力和素质③。学者们对教师素质结构的构建主要以中小学教师为主体，且都围绕于理念、知识、能力和个性特征四个维度。而之后周先进、王志广、毕竟刚等学者在前者的基础上增加了创新、反思实践、职业道德等新要求，其中毕竟刚和韩颖对素质结构的构建更贴近"卓越"的目标。

《幼儿园教育指导纲要》中把幼儿教师专业素质结构的构成分为合作沟通、创设环境、了解儿童身心发展规律以及组织经验等方面。分析幼儿教师专业素质结构的研究结论发现，谢维和、王保林对专业素质结构的表述更多的是表现幼儿教师应具备的一般、基础素质，这些要求对其他各类教师也适用，而与幼儿教育密切联系能显示幼儿游戏、环境等的核心词没有出现。但唐建琴、胡彩云、朱莉等学者的一日活动、创设环境、实践活动等关键词显示了幼儿教师专业化的特

① 张娜，蔡迎旗.卓越幼儿园教师的教学行为特征［J］.学前教育研究，2019（9）：24-36.
② 叶澜.未来教师的新形象［J］.上海教育科研，2000（2）：63.
③ 张传隧.教师专业化：传统智慧与现代实践［J］.教师教育研究，2005（1）：16.

征，进一步体现了幼儿教师的专业素质和能力，比较符合卓越幼儿教师实现专业发展的价值取向。中小学教师与幼儿教师专业素质结构列举见表2-1。

表 2-1　中小学教师与幼儿教师专业素质结构

幼儿教师专业素质结构		中小学教师专业素质结构	
《幼儿园教育指导纲要》	合作沟通；创设环境；了解儿童身心发展规律；组织经验	叶澜	教育理念；知识结构；专业能力
谢维和	专业知识；承诺和责任；实践技能；班组领导；组织能力；终身学习	谢安邦	职业道德；专业精神；文化修养；能力结构；身心素质
庞丽娟	对儿童和儿童发展的承诺；全国正确了解儿童发展；有效选择、组织教育内容；创设发展支持性环境；领导和组成能力；不断专业化学习	彭森明	修养；专业知能；专业信念；态度；人格物质
唐建琴	了解幼儿；环境创设；活动设计与组织；教学策略；资源利用；专业发展	唐松林	认知结构；专业精神；教育能力
胡彩云	了解幼儿；创设教育环境；组织一日活动；合作；自我发展	张传隧	爱教；能教；善教；会研
朱莉	核心能力素质；普通知识素质	周先进	高尚的道德品质；明确的价值取向；卓越的能力素养；扎实的知识技能
李姗泽	实践智慧；联合知识结构，教育机智架构，理实统和，善的追求成就；	王志广	坚定教育信仰；求实创新精神；有效教育研究；独特教育教学；对教育本质的透彻领悟；超凡人格魅力
王保林	幼儿身心保健；教科研涉及、操作；保育教育；创新实践；终身学习；管理控制；综合艺术教育；"趣激诗简"	毕景刚、韩颖	师德师风高尚；教育信念坚定；文化底蕴深厚；知识结构合理；教育思想先进；教学技能娴熟；实践反思敏锐；专业发展自主；创新能力较强

五、卓越幼儿教师的培养途径是其质量保障

（一）坚持卓越幼儿教师培养的选拔

研究分析文献发现，很多学者都强调在大学招生时就应严格把关师范专业的选拔，甚至可以在入学后进行二次选拔。研究还发现卓越幼儿教师的个性特

征与素质结构之间存在联系，一般幼儿教师想要成为卓越幼儿教师除了需个人努力，在一定程度上还取决于个人的天赋。

卓越幼儿教师培养的第一步就是对大学学前教育师范生的选拔以及幼儿教师的入职甄别，严格把住人才培养入口关。卓越幼儿教师一般都是对学前教育事业有着较强的职业认同感、使命感以及热爱儿童，具备这些特质是在学业和行业中取得成功的基础。对卓越幼儿教师的选拔培养，不仅是针对师范生，刚入职的幼儿教师和入职后的幼儿教师也同样适用。政府在教师的培训项目上投入了大量的人力、物力和财力，培训效果不尽人意，究其原因在于这种广泛撒网式的培训没有针对性，"量"有了可是"质"没有达到，也难以调动幼儿教师的积极性和主动性。坚持卓越幼儿教师的培养选拔有利于帮助政府部门发现幼儿教师发展的不同需求，使对卓越幼儿教师的培养模式的力气使到了实处。除此之外，进行选拔是提高整体幼儿教师队伍素质的关键措施，也使幼儿教师这一职业更加具有专业性，在此基础上再对他们进行培养其结果自然而然是事半功倍。

（二）完善卓越幼儿教师培养的机制

第一，完善课程设置。卓越幼儿教师培养的关键是完善课程设置。相关研究发现卓越幼儿教师的课程结构可以是螺旋式的理论课程和三段式的实践课程相结合，也可以是在传统课程的基础上增加共同课程和特色课程。通常情况下，卓越幼儿教师的课程设置包括了通识教育课程、专业理论课程、专业技能课程和实践课程，除此之外，还可以增加区域特色课程和国外优秀课程，满足师范生的多样性以及卓越幼儿教师培养的特殊性。

第二，搭建发展平台。除了教师有较强的内驱力不断追求专业发展以外，努力和机遇同样重要，为卓越幼儿教师的发展搭建一个良好的平台可以发挥不可或缺的作用。不同层次的平台，教师可以接触到不同的人才，通过大家相互之间的交流学习，了解对方的教育教学理念、方法等。为教师教育的发展搭建合理、高效、多层次的平台是很有必要的，而这种平台又需要社会、高校有专门的机制支持和经费保障。教育是教师的终身职业，教师在教育活动中实现自身的价值，教师要想在社会上获得尊重，不仅需要自身不断发展、开拓进取、实践创新，社会也需要给予教师以保障，切实提高教师的社会地位和工资待遇，优化现代教育制度，优化卓越幼儿教师培养模式等。

第三，建设评价机制。对卓越幼儿教师的评价机制主要涉及两个方面：质量评价和课程评价。质量评价主要是针对学生的综合素质进行评价，又包含了四个方面，分别为评价标准，即在根据学校的实际情况基础上采取社会培养意见对卓越幼儿教师培养设定标准；评价主体，需要明确，具体要有学生、教师、幼儿园以及政府共同参与；评价制度，是要在卓越幼儿教师培养模式的实践过程中收到培养质量反馈再进行汇总上报；评价结果，根据收集到的培养质量情况反馈进行结果总结，这是对培养机制进行调节、改革的重要依据。课程评价是培养模式中课程体系改革的一部分，在设计课程机制时除了课程目标、内容和实施，更重要的是课程评价。课程评价的构成又包含课程方案评价、课程过程评价以及课程实施效果评价三方面。以完善的评价机制支撑人才培养目标、课程目标的达成，最终实现人才培养的不断改进，进而促进人才培养质量的提高。

六、关于教师教育课程的相关研究

研究教师教育课程改革，要先了解现阶段教师教育课程的现状和存在的问题，只有了解了这些问题，才能更好地进行改革。也就是说教师教育课程现状和问题是改革的原因及依据。

（一）卓越教师培养课程设置

张永铃通过与卓越教师深度访谈总结出影响卓越教师成长的因素，根源在于其成长过程中受到个人特质及内外多方面综合影响，同时也为未来卓越教师的培养给予启示：①高校应当积极实施卓越教师培养工程；②开设"积极心理学"必修课；③设立师范生课堂教学艺术、教育教学技能专门培训项目；④引入准教师"临床型"教育模式[①]。柳海民、谢桂新指出卓越教师培养方案中课程设置应由通识教育课程、专业教育课程和教师发展课程等模块构成[②]。刘中黎着眼于地方高等师范院校中学语文卓越教师人才培养目标的实现，提出应当增设特色课程和加大对原有课程的教学改革力度的课程改革措施[③]。吴越等认为卓越教师培养实践导向课程体系是重要载体，并在培养探索中将课程分

---

① 张永铃. 卓越教师及其成长研究 [D]. 上海：华东师范大学，2012.

② 柳海民，谢桂新. 质量工程框架下的卓越教师培养与课程设计 [J]. 课程·教材·教法，2011（31）：96-101.

③ 刘中黎. 中学语文卓越教师的培养与课程设计 [J]. 教育评论，2012（6）：27-29.

模块构建，突出实践取向①。王小鹤对卓越教师培养实施途径中课程方面的改革要求为：课程设置要密切幼儿园教育实践，实现课程设置与行业领域的对接，并结合实际开设实践课程；重视综合人文社科、自然科学常识相关课程的设置，并把课程设置的重点转移到知识的应用、能力的提升上，还应注重课程内容的多元整合、系统优化②。

（二）教师教育课程设置

有研究者对西方发达国家的教师教育课程设置进行了深入研究，总结出许多特性，比如培养目标明确非常具体且开放灵活，目标注重紧密联系生活且具有实用性，把教育类课程和通识类课程放在同等重要的位置，注重开发更多的实践课程来培养学生的实践能力。分别来说，美国的教师教育课程就比较注重教师的专业化；英国教师教育课程主要以合格教师资格标准来设计和实施；俄罗斯有一套内容完整的课程模式，即通识教育课程、教育专业课程、学科专业课程；日本的教师教育课程模式有完整体系，其在终身教育思想的指导下，教师的"养成—任用—研修"形成一个体系，各阶段相互衔接又各自独立③。《教师教育课程标准（试行）》编制的专家组等指出，社会各界对我国当前教师教育课程的总体满意度偏低，其主要问题是：教师教育课程的观念落后、教师教育课程结构失调、教师教育课程功能低效④。也有学者从不同方面提出了观点。杜静认为我国现行的教师教育课程在基础课程、教育类课程、实践课程以及学科课程上面都存在比例偏低、课程薄弱、学分不足等问题⑤。岳刚德通过对我国百年来的教师教育课程历史的深入研究并进行总结和反思，认为我国教师教育课程存在的现状是：从师范教育到教师教育的话语权；教师教育课程目标的价值取向；对课程结构合理性的质疑；课程内容与教学实践剥离⑥。杜娟从"融合视域"的视角出发，探究我国教师教育课程发展的现状，提出其

① 吴越，李健，冯明义. 地方师范大学"卓越教师"的培养路径分析：以西华师范大学"园丁计划"为例 [J]. 中国高教研究，2015（8）：92-97.

② 王小鹤. 本科院校学前教育专业卓越教师培养的价值追求与实现 [J]. 陕西学前师范学院学报，2017，33（5）：121-125.

③ 刘筠. 国外教师教育课程设置的状况及启示 [J]. 河南教育学院学报（哲学社会科学版）. 2009，28（4）：12-15.

④ 《教师教育课程标准》专家组，钟启泉，崔允漷，等. 关于我国教师教育课程现状的研究 [J]. 全球教育展望，2008（9）：19-24.

⑤ 杜静. 我国教师教育课程存在的问题与改革路向 [J]. 教育研究，2007（9）：77-85.

⑥ 岳刚德. 中国教师教育课程的历史变革及问题反思 [J]. 全球教育展望，2005，34（1）：45-49.

存在的问题有：课程发展远离目标、课程之间分界模糊、课程核心能力指向不定，然后针对这些问题提出统整发展策略，探寻教师教育课程发展的科学路径①。

七、学前教育专业教育实习的相关研究

随着人们对幼儿教师的重视度加深，学前教育专业也逐渐受到了关注并获得较快的发展。从对学前教育人才培养的质量要求越来越高来看，与此紧密相关的学前教育专业教育实习问题也成为研究重点。从已有研究来看，相关问题的研究成果时间始于 20 世纪 90 年代，在 2005 年之后，相关的成果越来越丰富。通过对已有文献的收集与整理发现，目前对于学前教育专业教育实习的相关研究主要集中在以下几个方面：

（一）有关国外学前教育专业教育实习的研究

胡福贞详细地探讨了当代英国高等院校学前教育专业实习的特点，教师教育发展早和水平高的英国在 20 世纪 80 年代初开始通过教师教育的新理念，改革了传统的教育实习制度。英国从调整课程结构，加强实习前的准备；调整教育实习的定位，突出实习的目标和实习内容的多维性；加强实习管理，推广发展型教育实习模式三个方面出发，提升幼儿教师质量。结合我国目前教育实习还存在的实习经费不足、实践偏短且集中、实习内容单一、园校合作不深入等问题，对我国的学前教育专业教育实习提出了思考与启示：首先，高校要加强基础，拓宽教育专业内容，其次在教育实习的基础上强化理论学习与教育实践相结合，第一学年就可以安排学生进行和教育理论基础相对应的见习、研习活动，使得学生可以对学前教育有初步的感受；第二学年就可以安排学生进一步有针对性地进行参观，并且可以尝试通过微格教学这样的形式进行模拟训练；第三学年鼓励学生进行社会实践活动，增强职业认同等；第四年参加集中组织的毕业教育实习，在教师的指导下，深入到幼儿园的教学生活中。对于实习基地的选择，应当是多样化的，并且以分散与集中结合的模式进行。在教育实习管理上，可以借鉴英国的"以中小学为基地"、高等院校、地方教育当局和实习机构共同的伙伴式管理模式，我国高校应当在基地进行教育实习的过程中，

① 杜娟. 融合视域下教师教育课程统整发展的问题与思考 [J]. 教育评论, 2016 (12)：102-106.

给予实习基地的实践和研究以学术支持，与合作基地形成互惠互利的全方位合作形式，地方教育行政部门也应当统筹各方面关系，并给予相应的支持①。

奥斯塔·伯克兰德（2010）介绍了挪威教育实习的相关情况，挪威在2003年实施了《幼儿师范教育大纲》，其中明确规定了教育实习在学前师资教育中的重要性。其中提到了实习的目的是让师范生了解幼儿教师的工作，为以后走入工作岗位积累相关的经验。因此，实习培训的重要任务就是需要促进师范生的专业能力和职业素养。挪威学前师资教育对师范生正式成为幼儿教师提出了五方面的能力要求：教学、评估、社交、应变和专业道德。挪威学前师资教育一共为期3年，并且每一年都会在幼儿园安排实习，每学年实习时间分别是7周、5周、4周。每一学年的实习目标、内容和评价方式是不相同的，第一学年是让师范生提高与儿童之间的互动能力等，通过要求师范生可以与家长和教师进行沟通进行评价；第二学年是让师范生更独立地工作，尝试独立带班并且和幼儿园其他工作人员合作，评价也要考核教学能力、领导幼儿能力和合作能力；第三学年是要求师范生积累管理方面的经验等，评价的重点是师范生的反思能力。除了这些实习工作的评估以外，学前师资教育还需要接受多样化的适宜性评估②。

汤成麟等（2015）对芬兰学前教育师资培养模式进行了探析，芬兰是世界上学前教育的强国，在其学前教育师资培训模式中也有值得借鉴的地方。芬兰更加倡导"学前教育"是教育和保育的结合体，因此在芬兰的师资培养中，更加强调教育实习的重要性，为了达到教师优质的教育质量，教育实习安排在各阶段的教育教学中，使得师范生可以深入到教学现场，在实践中运用书本上的知识培养反思能力。芬兰的教育机构呈现多样化，并且数量充足，实习基地与高校结盟，高校教师与基地教师共同承担实习的责任，指导实习生的专业发展③。

（二）有关学前教育专业教育实习模式的研究

在现行的高等师范学前教育专业教育实习模式中存在着很多的缺陷，有的

---

① 胡福贞.当代英国高等院校学前教育专业实习的特点及其启示［J］，学前教育研究，2009（9）：44-51.

② 奥斯塔·伯克兰德.挪威学前师资教育中的实习活动［J］.王蕾，译.幼儿教育（教育科学），2010（7-8）：92-95.

③ 汤成麟，谢辉婷，孙甜甜.芬兰学前教育师资培养模式探析及其启示［J］.陕西学前师范学院学报，2015，31（1）：83-88，96.

研究者及院校开始构思新的实习模式或者对原有的模式提出改进。

秦金亮（2005）以幼儿教师职业形象的转变为基点，在国际教师专业发展的大背景下，提出了"全实践"课程设计理念以培养"反思型幼儿教师"。"全实践"是一种职前职后一体化的实践整合课程体系，就是实践的要素诸方面在时间上、空间上、内容上、理念上、课程体系上的延通、拓展、整合、浸透和统整。这种体系实质上是从职前职后的课程设计、课程实施的思维方式和操作路径来促进幼儿教师专业成长。这种思维方式和操作路径体现了以下六个特点：实践环节在时间上的延伸与贯通；实践方式在空间上的拓展；实践内容在实施中的整合与提升；实践理念在课程中的全息浸透；实践平台在课程体系中的统整效应；实践教学的合目的性特征[①]。

王晓峰（2011）指出，要构建自主、立体、开放性、创造性的"过程性"教育实习模式，这种模式是以实习生为学习主体的，为了使学生更好地适应幼儿园教育教学实际工作与改革的需要，而形成互帮互学、共同发展的学习型组织。学习型团队是教育实习在实践中建立起来的合作性学习关系，学习型团队可以划分为三种类型：带队教师与实习生、指导教师与实习生及实习生之间的学习型团队[②]。陈珊（2014）提出了基于合作学习的教育实习模式新构想，尝试将实习小组构建成"自主-互助"的合作学习型组织。合作学习的内涵是学习小组成员间有明确、共同的学习目标，充分参与，对个人和整个合作小组负责；小组内部之间互帮互助，只有这样才能取得高效合作实习的效果。对于合作学习型教育实习模式的构想有三个方面，第一个是变临时随机组队为自行自愿组队，第二个是变"教师-学生"为"生生-师生"的自主互助合作实习模式，第三个是变个人终结性评价为与小组成绩相结合的过程性评价。但是合作学习型教育实习也要注意小组组建是基础、教师指导和监督是关键、成绩评定是保障三方面问题[③]。

（三）有关学前教育专业教育实习现状及问题的研究

张靖通过对学前教育专业学生对教育实习的适应状况、教育实习的基地选

① 秦金亮. "全实践"理念下高师学前教育专业实践整合课程探索 [J]. 学前教育研究，2006（1）：47-51.

② 王晓锋. 幼儿师范学校教育实习中学习型团队的组织形式初探 [J]. 林区教学，2011（7）：19-20.

③ 陈珊. 高师学前教育专业教育实习的新构想：基于合作学习的教育实习模式 [J]. 赤峰学院学报（自然科学版），2014，30（21）：255-257.

择、专业状况与专业技能应用程度和实习生自身对适应状况的分析发现，高校在课程设置上忽视了"师范性"、教育实习时间短暂、实习基地较少、对实习生身心状况关注度不足、评价体系不完善、实习经费短缺的问题①。马荣采用比较分析法、访谈法等研究方法，通过对宁夏三所院校的学前教育专业学生实习的现状、时间、基地、形式、内容、考核的对比发现存在以下五方面问题：实习时间短，目标难以达到；实习基地未完全发挥作用，效果不理想；指导教师指导不力；实习内容贫乏、形式单一；实习生自身教学经验与技能匮乏，使理论与实践脱节②。钱海娟等也从学前教育专业教育实习的目标简单化、指导教师缺乏指导经验、教育实习场所不足和实习生素质走向偏低四个方面提出了问题③。郭岚通过调查指出，学前教育专业教育实习存在着目的指向不明确、模式局限、时间安排不合理、评价中忽视学生的发展性评价和实习过程中缺乏高效指导④。

综上所述，虽然学者们对于学前教育专业教育实习提出的问题都不尽相同，但总体上分为五个方面：实习的时间短、目标难以实现；实习指导不足、效果不好；实习模式局限、基地不稳定；评价体系不完善；实习经费短缺。

（四）有关学前教育专业教育实习策略的研究

学前教育专业教育实习中存在的问题影响着教育实习的质量，影响因素产生的消极作用是问题的根本来源，因此合理解决问题的措施成为关注的重点。有学者从重视专业意识建构、实施"全程式"实习、丰富实习形式、大学与幼儿园建立"合作伙伴关系"、强化学生的实习反复、打破传统实习空间界限等提出了对教育实习有效性的构想⑤。有学者从张雪门"有系统组织的实习"策略得到的对教育实习重要启示有：提高教育实习实效性的根本保证要从教育实习的目的性、计划性和组织性出发；培养师范生形成专业的认同、信念、能力、品性的重要途径是教育实习范围的广泛性、层次性和实习内容的丰富性与多样性；教育实习指导中的关键环节是突出学生的主体性；教育实习实施的必

---

① 张靖. 学前教育专业本科生教育实习研究 [D]. 大连：辽宁师范大学，2011.

② 马荣. 宁夏学前教育专业教育实习现状的分析与研究 [J]. 科教文汇（下旬刊），2011（12）：3-4.

③ 钱海娟，贾玉霞，崔岐恩. 高师学前教育专业学生的幼儿园教育实习刍议 [J]. 文教资料，2010（30）：206-207.

④ 郭岚. 重庆市学前教育专业本科生教育实习问题研究 [D]. 重庆：重庆师范大学，2013.

⑤ 李玲. 高等师范院校学前教育专业教育实习的有效性构想 [J]. 中国成人教育，2010（2）：64-65.

由之路是理论与实践交叉融合①。陈丹丹对 N 大学学前教育专业实习进行了调查研究，提出了优化建议。实习生层面：一要积极主动，成为实习的主人；二要制定符合自身发展的实习计划；三要养成良好的反思习惯，勤写实习反思日志，提高自我反思能力。学前教育专业层面：一要重视实习基地选择的"软"条件；二要加强实习带队教师对实习生的指导力度、加强与实习园的沟通、加强对实习指导教师的选择及培训、增加实习生保育实习内容②。王香平通过对学前教育专业学生实习适应状况进行调查，对影响学生实习的因素进行分析，提出高校应完善教育实习制度、高校应加强与幼儿园的联系、幼儿园应建立相应的实习指导计划；学生自身主动积极应对压力四个方面的策略③。

综上所述，虽然学者们对促进教育实习的建议表述不尽相同，但是他们的理解都是相同的，都从高校、幼儿园的组织管理层面以及学生自身层面出发，阐述了促进教育实习的建议。

八、卓越幼儿教师培养研究的展望是其最终追求

卓越幼儿教师不是人才培养的最终结果，而是人才培养的目标和方向，是对教育目的的理性思考，需要在培养、培训、研究的过程中一以贯之。加强对卓越幼儿教师培养过程的研究，完善卓越幼儿教师评价体系和反馈机制的研究，注重人才培养理念的研究，激发跨学科的、整合的卓越幼儿教师培养研究。

（一）我国幼儿教师专业标准不够完善并且缺少独立系统的资格认定和职称晋升体系

2012 年国务院发布《关于加强教师队伍建设的意见》中提到要大力发展教师专业化水平需要完善教师专业发展标准体系，幼儿教师专业标准是其培养、准入、培训、考核等工作的重要依据。《幼儿教师专业标准（试行）》和

---

① 唐雪梅，张雪门．"有系统组织的实习"策略对学前教育专业教育实习的重要启示［J］．内蒙古师范大学学报（教育科学版），2015，28（12）：60-62.

② 陈丹丹．N 大学学前教育专业实习现状及优化建议研究［D］．南京：南京师范大学，2013.

③ 王香平．高师学前教育专业实习生实习适应状况调查及建议［J］．幼儿教育，2010（Z3）：66-69.

《"国培计划"课程标准（试行）》也规定需要制定师范类专业认证标准，开展专业认证和评估，规范师范类专业办学和建立教师培养质量评估制度，这解决了我国部分教师队伍结构不尽合理，教师管理体制机制有待完善以及农村教师职业吸引力亟待提升等问题，但这还达不到卓越幼儿教师的发展水平，幼儿教师标准体系（例如专科、本科、研究生或博士水平）也不够详细成熟，还缺少适合所有与幼儿有关的职业候选人的标准并且需要严格教师资格和准入制度。

我国的教育系统也没有专门的幼儿教师资格认证和职称晋升体系。教育部于 2000 年发布实施《教师资格条例》，全面实施教师资格考试和定期注册制度，幼儿教师和其他各级教师资格认定是统一到本人户籍所在地或者任教学校所在地的县级人民政府教育行政部门认定，非高等师范院校毕业或者教师资格考试合格的公民申请认定幼儿教师资格应当进行面试和试讲，根据其教育教学能力和实际情况和需要，教育行政部门或者受委托的高等学校再要求申请人补修教育学、心理学等课程。幼儿教师的职称晋升则是被纳入中小学职称晋升体系中，参照中小学教师职称晋升的专业要求以及标准参与评审。幼儿教师从业资格认定和职称晋升体系的完善是提高幼儿教师队伍素质，保障学前教育质量，幼儿教师卓越发展的关键。

（二）各院校的实验研究缺少评价体系和追踪评估

培养卓越幼儿教师是发展学前教育的共同目标，各地区和有关院校采取各种实验研究，期望从中总结出适合我国卓越幼儿教师成长的共同方式。一是专门设立独立的学院和培养班。北京师范大学 2010 年开办"教育家书院"（"发现和孕育教育家的基地""中国教育家的学术家园"），通过开设高端学术讲座、名校长（名教师）讲席、教学实验和观摩、国内调研、国际考察等一系列教育科研和实践活动，培养和造就一批又一批品格优秀、业务精良、职业道德高尚、有创造性、有个性的教育家。华东师范大学早在 1994 年就设立了"21 世纪人才学院"进行跨学科、多领域复合型的卓越人才培养，学生选拔首先需要提交材料审核，再是初选、面试、测试职业性格，最后是考验团队能力等综合方面，培养内容包括思想政治学习、多学科交融渗透、优秀文化熏陶、综合能力提高以及社会实际的意识和合作。南京师范大学、陕西师范大学和四川师范大学等都开设了卓越教师培养强化班，有单独的经费发放、教学管理等优势。二是建立校内外协同合作发展的实验基地。东北师范大学"教师教育创新东北试验区"，为卓越幼儿教师的培养提供了更高端的发展平台，汇集了国内外优秀教育资源和人才。西南大学卓越幼儿教师项目实验基地是重庆市江津区几江幼儿园，培养项目负责人是李姗泽教授，该项目为五大建设内容、三级立体课堂、六阶段立体推进模式等，还有配套的操作实验室。三是综合改革实现本硕衔接培养。华中师范大学的"四体系一特色"培养模式和东北师范大学对学前教育专业研究生进行综合改革，着重提高他们的实践、研究和专业发展能力。

民族地区院校因为所处地区的特殊性、复杂性以及多样性因素影响，教育资源和质量一直落后于中东部地区，因此探索有效的卓越幼儿教师培养方案对民族地区的师资以及教育教学有重要作用，但需要注意的是实验过程中不能忽略民族地区学前教育发展的实际情况，要将民族文化与学前教育紧密结合，实现教师专业化和文化素养的有机融合。云南省从 2015 年开始实施"云南卓越幼儿教师培养机制的实践与创新"，云南某校在此基础上以"协同机制"为线索，构建民族地区地方政府、高校、幼儿园和学前行业四方联动的合作培养新机制，在培养目标、课程、教学、实践和学前行业评价方面进行有益探索①。内蒙古地区把当地实际和民族特色结合，提出了制定合理的人才培养方案，加强课程资源建设，提高教师的科研水平，完善多形式、全过程的实践体系和开展创业教育等有效的实验探索②。

各部属重点师范大学和少数民族地区都做了大量的实验研究，但是目前仍然缺乏统一的卓越幼儿教师培养质量评价标准，尤其是基于供需双方的人才培养的相关研究更加需要深入研究，不能一味地在理论方案上进行创新探索，要考虑实际实施程度、学生参与度以及合作单位态度等。因此背景评价和投入评价是建立新的培养模式前的重要探索部分，过程评价、结果评价和追踪评估是培养模式可持续发展的支撑。民族地区院校需要注意的是相比其他地区应更加重视结果评价和追踪评估，以确保培养模式切实有效，紧密贴合地区情况。评价既是终点，又是起点，是价值判断的过程，对实际效用值给予评估，根据评价结果，不仅可以对培养模式进行修订和改进，也是为了以后的追踪评估有对应材料，保障培养质量。追踪评估主要是针对学前教育专业学生及其工作单位进行跟踪回访，了解学生在工作中对专业知识、技能和实践智慧的运用情况，掌握卓越幼儿教师培养模式中毕业学生发展的整体质量水平，追踪结果评估自身的培养模式是否高效高质量，不合格也可以及时进行调整、改善。

---

① 权迎. 民族地区卓越幼儿教师培养机制研究：以云南 K 校为例 [J]. 荆楚学刊，2017，18（5）：52-56.

② 杜春娟. 民族地区本科院校卓越幼儿教师培养探究：以呼伦贝尔学院为例 [J]. 哈尔滨学院学报，2018，39（11）：131-135.

（三）重视家庭教育和保育工作，提升家园共育效果

我国培养卓越幼儿教师的最终目的就是提高学前教育质量，整理发现众多卓越幼儿教师培养模式以学前教育专业学生培养和幼儿教师职前职后培训为中心进行模式建构，在三方协同培养时幼儿园方面也没有强调家庭教育和保育质量问题对幼儿教师成长为卓越型教师的重要性。美国2002年实施"开端计划"，目的是为贫困家庭5岁以下的幼儿进行早期教育，确保贫困家庭幼儿也能享受平等教育和高质量的保育。"早期教育开端项目处"为幼儿教师、保育员和家长提供《教育我们的婴幼儿》指南手册，内容是婴幼儿健康、安全、营养和认知发展等，该手册把理论知识和实际例子相结合，通过例子本身告诉家长和保育员该如何教育孩子，如何建立对幼儿认知、情感等发展有利的环境。幼儿教师可以结合自身幼儿园或班级的教学特色和理念，根据幼儿年龄阶段的教学进程给家长提供家庭教育手册，这是为了让家长了解幼儿教育方面的基础知识和幼儿教学工作流程，以便更好地理解学前教育，更加支持配合幼儿教师的工作，与幼儿教师保持双向有效的沟通交流，在家里也能创造良好的教育环境。部分幼儿园在招收保育员时没有经过严格的考核筛选，而是通过"走后门""说人情"方式进入幼儿园工作，并且保育员的年龄普遍比幼儿教师大，这种情况就会造成保育员因为是长辈所以在班级中权力过大，甚至给幼儿教师造成教育阻碍的现象。保育员的教育方式通常也是靠吼，威胁不让其参加正常的教育活动以及给幼儿坐冷板凳等方式在幼儿中建立权威。教师和保育员之间的教育方式和教育态度需要保持一致，保育员主要是配合教师正常教学，面对教师教育方式不当时可以提出意见，监督改进。幼儿园也可以针对保育员建立健全教育、宣传、考核、监督与奖惩相结合的工作机制。因此，如果我们坚持把学前教育的外部政策、法律等大环境改善，再把学前教育内部家长和保育员的配合工作等方面结合起来，幼儿教师成长为卓越型教师效果会事半功倍。

（四）培育跨学科、跨领域的科研与教学能力

幼儿教师的研究主要集中于教育领域，如学前教育、教育心理学、教育学等学科，说明跨学科研究或教育学之外的其他学科或其他学者对幼儿教师培养的研究关注度不够。未来应拓展教育领域的研究、吸引更多跨学科的学者关注幼儿教师的培养，这样可以加强幼儿教育与其他学科的联系，且跨学科的研究更有利于幼儿教师的专业发展。把其他学科领域的专业知识、理念、能力和意

识的不同与教育领域相关学科背景知识结合，可以发挥双背景优势，使幼儿教师聚焦前沿热点时能从不同的角度入手，完善自身知识结构，形成不断反思创新的习惯。这有益于幼儿教师追求突破，树立终身学习意识，规划职业生涯最终成长为卓越幼儿教师。幼儿教师专业发展渗透学科分析见表2-2。

表2-2　幼儿教师专业发展渗透学科分析

主题词	渗透学科	其他主题词	发文量/篇
幼儿教师专业发展	学前教育、幼儿教育	幼儿教师	6
		对策	3
		农村幼儿教师	2
		国培项目	2
		培训效果	2
		职后培训	2
	教师与学生	专业发展状况	1
		专业自主权	1
		农村幼儿教师	1
		农村幼儿教师专业发展	1
		园本培训	1
		幼儿园教学	1
	职业技术教育	国培项目	1
		培训内容	1
		培训方式	1
		对策	1
		影响因素	1
		教师知识	1
	教育学	幼教微信公众平台	1
		教师知识	1
		课程开发	1
		路径	1
		高校-幼儿园伙伴合作	1

表2-2(续)

主题词	渗透学科	其他主题词	发文量/篇
幼儿教师 专业发展	教学理论	园本教研	1
		国培项目	1
		培训效果	1
		实施策略	1
		实践共同体	1
		职后培训	1
	世界教育事业	美国	2
		MTP	1
		专业标准	1
		专业认证	1
		个性化	1
		基于网络	1
	师范教育	专业认同	1
		学前职前教育	1
		幼儿教师专业发展文化	1
		教师专业发展	1
		文化建设	1
	教育心理学	园本教研	1
		激励机制	1
		积极心理学	1
	中国教育事业	学习共同体	1
		策略	1
	初等教育	教师角色	1
		瑞吉欧	1

第三章 当前幼儿教师培养现状

教育部 2014 年发布的《教育部关于实施卓越教师培养计划的意见》和2018 年发布的《教育部关于实施卓越教师培养计划 2.0 的意见》，都集中体现了三个基本理念，即"育人为本""实践取向"及"终身学习"。这三个理念也是《教师教育课程标准》中课程设置的基本理念，对高校进行课程改革起指导作用。其中"育人为本"即高校实施各种人才计划、进行各种课程改革都是以培养人才为最终目的。高等师范院校实施卓越教师培养计划，进行教师教育课程改革的目的也是为了培养卓越的中小学、幼儿教师。对师范生来说，他们肩负育人使命。各类高校在进行教师教育课程改革时要注意：第一，反映社会主义核心价值观，积极吸收社会研究新成果；第二，要引导师范生树立正确的学生观、教师观以及教育观；第三，引导师范生因材施教，正确实施教学。"实践取向"是现在课程改革最重要的一个方面，旨在提升师范生的教学实践能力。在两项"意见"中明确提出了要着力提高实践教学质量，设置内容丰富的实践课程，并建立健全贯穿培养全过程的实践教学体系，同时教师教育课程也要突出实践导向。所以，教师教育课程改革，必须以实践为重要导向。"终身学习"是教师实现专业发展的必备条件，只有不断地学习和完善自身素质，教师才能达到专业发展。高等师范院校不应该仅仅只教给学生一些知识，俗话说"授人以鱼不如授人以渔"，所以高等师范院校最应该引导师范生树立正确的专业理想，养成独立思考和自主学习的习惯，以应对各种挑战。教师教育课程改革需要满足学生终身发展的需要。

有学者对我国高等师范院校的课程设置进行了深入研究，提出我国现行的课程在基础课程、教育类课程、实践课程以及学科课程上都存在比例偏低、课程薄弱、学分不足等问题[1]。我们通过对本科院校学前教育专业课程设置、教师教育课程设置和学前教育专业教育实习的研究，了解了当前幼儿教师教育的

---

[1] 杜静. 我国教师教育课程存在的问题与改革路向 [J]. 教育研究, 2007 (9): 77-80, 85.

现状，并且明确了幼儿教师教育存在的问题，为幼儿教师培养方案的制订和实施奠定了基础。

一、不同类别学生对卓越教师了解程度的分析

对卓越教师的理解情况对应问卷的第1题、第2题、第3题、第4题，其中第1题是"你对卓越教师的了解程度如何?"，第2题是"请你对卓越教师应具备的能力按重要程度排序"，第3题是"你有想过成为一名卓越幼儿教师吗?"，第4题是"为了培养卓越幼儿教师，学校还应该增设哪些课程?"。

表3-1是不同类别的学生对卓越教师了解程度的一个统计表。从表中可知，卓越班学生有25人，非卓越班学生有125人，两个班学生对卓越教师的了解程度呈现差异性，由T值0.002可以看出显著性。再加上卓越班学生的均值为2.52，非卓越班学生的均值为1.65，把3作为一个参照标准，高于3的表示了解程度合格，低于3的表示了解程度不合格，从上面两个组的均值来看，均低于3，说明总体上学生对卓越教师的了解程度都不高。但是卓越班的学生与非卓越班的学生在了解程度上有差异，卓越班的学生了解程度明显高于非卓越班的学生。其他类别学生并没有表现出明显的差异，且均值都低于3，说明总体上来说，学生对卓越教师的了解程度都低。

表3-1 不同类别学生对卓越教师的了解程度 (N=150)①

是否卓越班	对卓越教师的了解程度	
	M	SD
是（N=25）	2.52	1.19
否（N=125）	1.65	0.73
T值	4.8**	

注：** 表示差异非常显著，P<0.01。

图3-1是问卷第2题"卓越教师最应该具备的能力"的一个统计图，"良好的师德"占比最大达到74.7%，说明大多数学生认为在"学习能力""问题及创新意识""超凡的人格魅力""良好的师德""突出的教学智慧"这5个指标中"良好的师德"是最重要的一个指标，是成为卓越教师最重要的一个

---

① 表3-1根据学生问卷资料统计而得。

能力。而其余能力，比如学习能力、问题及创新意识等，各有说法，差异不大。

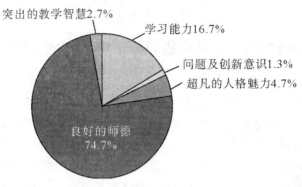

图3-1　学生对卓越教师应具备的不同能力的认知差异①

为了了解学生对成为一名卓越幼儿教师的具体想法，本项目启动前对所有学生进行调查，特制作了扇形统计图，见图3-2。其中A为"没有想过，可能会从事其他职业"，B为"没有想过，卓越教师不是你想当就能当的"，C为"想过，但还没有具体的计划"，D为"想过，有比较完整的计划，但还没有实施"，E为"想过，已经开始按计划实施了"。然后再根据不同类型的学生进行具体的差异分析。本题采用5级评分标准，从1~5分别记分，小于3分的记做不合格，等于或者大于3分的记做合格。

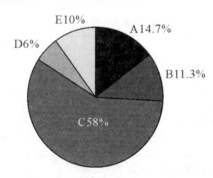

图3-2　所有学生对成为卓越教师的愿望统计情况②

从图3-2可以看出，有58%的学生选择了C，即"想过，但还没有具体的计划"，10%的学生选择了E"想过，已经开始按计划实施了"，6%的学生选

---

①　图3-1根据学生问卷资料统计而得。
②　图3-2根据学生问卷资料统计而得。

择了 D "想过，有比较完整的计划，但还没有实施"，11.3%的学生选择了 B "没有想过，卓越教师不是你想当就能当的"，14.7%学生选择了 A 即 "没有想过，可能会从事其他职业"。整体上来说，有 26%的学生是没有想过要成为一名卓越教师的，有 58%的学生虽然想过，但是没有明确的目标计划，还比较盲目，只有 16%的学生有比较完整的计划了。

不同类别学生期望成为卓越教师的差异分析见表 3-2。

表 3-2　不同类别学生期望成为卓越教师的差异分析（N=150）①

是否卓越班	对卓越教师的了解程度	
	M	SD
是（N=25）	3.76	1.17
否（N=125）	2.67	0.96
T 值	5.0**	

注：** 表示差异非常显著，P<0.01。

从表 3-2 中可知，卓越班学生与非卓越班学生在期望成为卓越教师维度上存在显著差异（T=5.0，P<0.01），说明卓越班学生成为一名卓越教师的愿望明显高于非卓越班学生，且存在显著的差异。

二、高等师范院校学前教育专业本科课程设置现状分析

课程是学校教育的载体，是其培养目标的具体化。任何一个专业其存在的前提是它有着不同于其他专业的核心课程体系，核心的课程体系是实现专业培养目标和构建学生完备的知识结构和能力结构的基础和前提②。为了遵循研究的规范性与伦理性，笔者对本研究中的 9 所高等师范院校的名称进行统一编码，根据学校办学类型的不同，将 9 所样本高等师范院校归为三种基本类型：字母 B 代表部属院校；字母 S 代表省属重点院校；字母 D 代表地方普通院校。

---

① 表 3-2 根据学生问卷资料统计而得。
② 文颐，唐大章，杨春华，等. 高师学前教育专业本科课程设置的调查与思考：基于四川省幼儿园园长及成都中职学校幼师专业骨干教师的调研分析［J］. 四川教育学院学报，2009，25（2）：3.

（一）培养目标与规格

培养目标是学前教育专业课程体系的核心和灵魂，它直接决定培养人才的品质和规格，对课程内容、教学方法和教学手段等要素起着统领作用[①]。高校学前教育专业本科课程设置是根据当今社会对幼儿教师的需求及人才培养目标而制定的，因此，人才培养目标的定位及实现程度是进一步调整和改善高校学前教育专业本科课程设置的现实依据。高等师范院校学前教育专业人才培养目标分析见表3-3。

表3-3　高等师范院校学前教育专业人才培养目标分析

培养目标	院校属性		
	B	S	D
从事保教工作、教育教学工作人员	3	3	2
学前教育行政管理人员	3	2	2
学前教育科研人员	3	2	2
高素质或应用型专门人才	2	0	2

从表3-3中可见，虽然各院校对于未来幼儿教师培养目标的描述各不相同，但在目标定位方面基本达成了共识，大多数院校培养目标的中心词定位于培养"幼儿园教师""卓越学前教育工作者""学前教育高素质专门人才"或是"能在托幼机构从事保教工作的教师、学前教育行政人员及其他教育工作者"等。整体而言，9所高等师范院校的培养目标普遍定位于学前教育及其相关工作者，即"能在保教机构、教育行政部门及其他相关机构从事教学科研的学前教育工作者"。

高等师范院校人才培养规格的内容构成分析如表3-4所示。如：S1院校培养目标更加具体明了，明确提出要培养"具有终身学习与可持续发展能力的幼儿园教师"；B3院校明确提出要培养"保教能力突出、科研能力优异、综合素质全面的卓越学前教育工作者"；D2院校提出培养"能够适应社会需求的学前教育高素质、应用型专门人才"；S2院校的培养目标中还明确提出"为高一级学校输送合格人才"。

[①]　王淑宁. 从《幼儿园教师专业标准》视角反思当前高师学前教育专业的课程体系［J］. 内蒙古师范大学学报（教育科学版），2015（8）：126-129.

表 3-4　高等师范院校人才培养规格的内容构成分析

培养规格的内容构成	院校类型
专业理念与师德、专业知识、专业能力、为高一级学校输送合格人才	B1、B2、S2、S3
思想道德素养、专业知识、专业能力、保教能力突出、科研能力优异、综合素质全面	B3、D3
政治素养、综合素养、专业素养、终身学习、可持续发展能力	S1
政治素养、专业知识、专业理念、专业能力、其他素养和能力	D1
政治素养，专业素养，专业知识和技能，能够适应社会需求的学前教育高素质、应用型专门人才	D2

在人才培养目标的规格要求上，根据前文卓越幼儿教师培养对高校学前教育专业课程设置目标应涵盖的、内容，9 所高等师范院校学前教育专业培养目标整体基本符合卓越幼儿教师培养的政策要求，人才培养目标注重培养教师职业道德和正确的教育理念，热爱学前教育事业，强调专业知识和技能的掌握，重视学前教育专业学生教育教学、科研探究能力的发展，强调要具备实践能力。从调查结果看，高等师范院校在人才培养目标与规格上具有以下共同的特点：

1. 较为重视专业理念与师德的养成

《幼儿园教师专业标准（试行）》重视教师专业理念的形成，并将"专业理念"和"教师职业道德"合在一起强调教师专业理念培养和良好师德形成的重要性。这一要求在高校培养目标上得到了较好的体现，各院校均在描述学前教育专业本科人才培养目标上将师德理念置于首要地位，如"热爱教育事业，关爱幼儿""具有良好的教师职业道德""品行端正，为人师表"等。

2. 强调专业知识与技能的掌握

幼儿教师职业对专业实践要求较高，这也就要求高等师范院校在培养幼儿教师时，不仅要重视学前教育学生的专业理念的养成与专业知识的掌握，还应强调发展学前教育学生的专业能力，促进学前专业学生不断将专业知识内化为专业能力，并在专业实践中予以展示。

在对各院校对人才培养规格的具体要求的分析比较中，我们发现当前高校学前教育专业普遍重视对未来幼儿教师专业能力的发展，强调专业知识及技能的掌握。如 B1 院校提出未来幼儿教师要"熟悉学前教育政策法规，有观察和评价儿童发展的能力、创设教育环境的能力、开发课程和组织开展学前教育教学活动的能力、家庭科学育儿指导的能力";B3院校提出要"具有沟通与合作及反思与发展等方面的能力";S1院校提出要"具备适应幼儿教师职业需要的艺术、体育等相关教学技能"等。这也较好地体现了专业标准中"能力为重"的基本理念。

3. 重视综合素养与教育教学能力

9所高等师范院校都较为重视培养学前教育专业学生综合素养及教育教学能力,在培养目标中几乎所有的高等师范院校都提出"要具有较高的人文科学素养,具有良好的心理素质和艺术修养"。D1院校还提出幼儿教师要具备"社会性别意识"。另外,所有样本高等师范院校学前教育专业人才培养要求都提出要具有教育教学相应的语言素质和信息应用能力,即"普通话、外语、计算机学习水平达到教育部规定的要求",在一定意义上体现了当前高等师范院校对学前教育专业学生科研素养与教育教学能力的重视,契合了当前高等师范院校所提出的培养高素质幼儿教师的总目标,也符合当前卓越幼儿教师培养的要求。高等师范院校学前教育专业人才培养目标关键词类别统计见表3-5。

表3-5　高等师范院校学前教育专业人才培养目标关键词类别统计

学校名称	关键词类别	关键词数量/个
B1	Ⅰ、Ⅱ	2
B2	Ⅰ、Ⅱ	2
B3	Ⅰ、Ⅱ	2
S1	Ⅰ、Ⅱ、Ⅴ	3
S2	Ⅰ、Ⅱ	2
S3	Ⅰ、Ⅱ	2
D1	Ⅰ、Ⅱ、Ⅲ、Ⅳ、Ⅴ	5
D2	Ⅰ、Ⅱ、Ⅲ	3
D3	Ⅰ、Ⅱ、Ⅲ	3

注:Ⅰ=教育情怀深厚;Ⅱ=专业基础扎实;Ⅲ=勇于创新教学;Ⅳ=善于综合育人;Ⅴ=具有终身学习发展能力。

根据卓越教师培养计划提出的卓越幼儿教师的培养目标是:"培养造就一批教育情怀深厚、专业基础扎实、勇于创新教学、善于综合育人和具有终身学习发展能力的高素质专业化创新型幼儿教师。"① 现在用字母代码分别代表以上卓越幼儿园教师培养目标中的关键词。根据表3-5中对9所样本高等师范院校学前教育专业本科人才培养目标的关键词整理可知：当前高等师范院校学前教育专业人才培养目标中的关键词除"善于综合育人"外，其他关键词出现的频次均≥2次。在目标设置上基本达到了卓越幼儿园教师培养目标的要求，并且院校D1的培养目标较为全面，基本涵盖了卓越幼儿园教师培养目标的五个关键词。卓越幼儿教师培养目标关键词显现频次见图3-3。

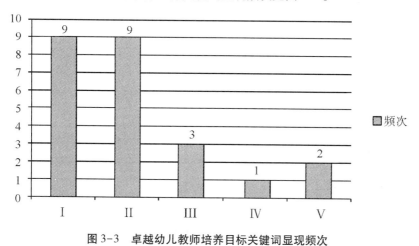

图3-3 卓越幼儿教师培养目标关键词显现频次

根据图3-3可知，样本9所院校的培养目标涵盖了培养卓越幼儿教师目标，Ⅰ"教育情怀深厚"和Ⅱ"专业基础扎实"的要求出现了9次，每个院校培养目标中都涵盖了这两项要求。其余3项目标出现的次数都较少，Ⅲ"勇于创新教学"的目标要求出现了3次，Ⅴ"具有终身学习发展能力"的目标要求出现了2次，而Ⅳ"善于综合育人"目标出现的频次最少，只有一个院校目标涵盖了此项要求。

（二）课程结构

课程结构是课程设置的中心环节，也是高校专业教育的核心环节。具体而言，课程结构是将设置的全部课程进行内涵式的分工与结合，根据预定的人才培养规格对课程体系的内容进行规范的整体构架，在一定意义上决定着所培养

---

① 教育部. 教育部关于实施卓越教师培养计划2.0的意见[EB/OL].（2018-09-30）[2018-10-10].http://moe.gov.cn/srcsite/A10/s7011/201810/t201810/t20181010_350998.html.

人员基本知识门类和能力类型的宏观配置①。

1. 课程模块整体设置情况

高等师范院校学前教育专业课程模块设置统计见表3-6。

表3-6　高等师范院校学前教育专业课程模块设置统计

课程模块及数量	学校类型
通识课、专业课、实践教育（3）	D3
通识课、专业课、发展方向课程（3）	B2
通识课、专业知识、专业能力、创新创业课程（4）	D2
通识课、学科基础课、专业课、教师教育课程（4）	B1、S2
通识课、学科基础课、专业课、实践教育（4）	B3
通识课、专业课、实践课、教师教育课程（4）	S1
通识课、学科基础课、专业课、实践课、创新创业课程（5）	D1
通识课、专业课、教师教育课、实践课、创新创业课程（5）	S3

在当前高等师范院校学前教育专业课程设置中，尚未有"课程结构"的统一标准和模式，大部分高等师范院校的课程设置是根据课程内容，清晰合理地划分为课程结构，但也有一些院校课程结构划分上模糊，内容配置混乱。由表3-6的统计可知，9所高等师范院校学前教育专业课程设置中的课程模块各不相同，划分模块较多且差异较大。整体上共有3类课程模块设置方式，有5所院校设置了4类课程模块，而具体课程模块的内容和标准设置，各个院校有所不同。

整体而言，9所高等师范院校将课程结构具体划分为通识课、学科基础课、专业课、教师教育课、实践课、创新创业课、发展方向课7个课程模块，每所院校对专业教育课程模块的理解不一样，课程内容划分也有所不同。根据培养卓越幼儿园教师对课程结构的基本要求"建立模块化的教师教育课程体系"，现根据9所高等师范院校学前教育专业人才培养方案，按照课程结构整理为T通识教育课程模块、Z专业教育课程模块、J教师教育课程模块、W综合实践教育课程模块，如表3-7所示。

---

① 罗陵. 三本院校体育教育专业课程设置的合理性分析：以山西大学商务学院为例 [J]. 搏击（体育论坛），2012（4）：11-14.

表 3-7   高等师范院校学前教育专业课程结构及学分设置情况

课程类别	B1	B2	B3	S1	S2	S3	D1	D2	D3
T	46	49	47	60	69	49	50	52.5	60
Z	34	18	47	29	33	29	36	49	57
J	57	66	50	59	49	46	56	38.5	25
W	19	12	14	23	14	26	18	20	27
总分	156	145	158	171	165	150	160	160	169

虽然 9 所高等师范院校的课程类别较为丰富，但总体上基本达成一致。主要包括通识教育课程模块、专业教育课程模块、教师教育课程模块以及教育实践课程模块四大类。其中，通识课程是与专业课程相对应的一个概念，是学校课程的有机组成部分，泛指专业课程以外的所有课程①。通识教育课程具体包括了思想政治理论课程、大学外语、计算机基础与应用、大学体育、文化素质教育课程、创业基础课程、就业创业指导课程等，意在提升学生的基本知识素养、科学与人文素质、道德品质和身心素质②。这类课程是根据教育部对于高等学校的专业设置及相关教学要求而设置的，往往由高等学校或上级教育主管部门掌握设置权力，二级学院对这一类课程的自主性很小。专业教育课程模块主要是在前期通识教育课程和学科基础课程基础上，针对学前教育专业特性开设的专业性较强的课程，旨在培养未来幼儿教师的专业理念、专业知识与专业能力③。教师教育课程是指为培养教师教育理念、提升专业技能与方法的课程，这里指《教师教育课程标准（试行）》中教育类课程。综合实践课程模块主要是针对幼儿教师专业工作的实践特质而开设的课程，主要包括课程见习、专业见习、教育实习、毕业论文等教育实践课程，以及创新创业教育课程、课外项目、第二课堂、劳动课等。

通过横向对比各个高校学分分布情况发现，9 所高等师范院校学前教育专业课程设置总学分最高的是 S1 院校的学前教育专业，高达 171 学分，最低的院校为 B2 院校，总学分为 145 学分。9 所高等师范院校平均总学分为 159.3 学分，其中，部属院校平均总学分为 153 学分，省属院校平均总学分为 162 学

① 樊丽. 小学教育本科专业课程设置研究 [D]. 西安：陕西师范大学，2014.

② 教育部高等学校教学指导委员会. 普通高等学校本科专业类教育学教学质量国家标准 [M]. 北京：高等教育出版社，2018：71.

③ 刘天娥. 高师本科学前教师教育课程设置的研究 [D]. 武汉：华中师范大学，2015.

分，地方院校平均总学分为163学分。整体而言，9所高等师范院校之间对于课程设置总学分的认定不完全相同，但总体上差异不大，部属院校平均总学分低于省属院校，低于地方院校平均总学分。

2. 不同属性高等师范院校课程模块在学分上的差异比较

不同属性高等师范院校课程模块在学分上的差异比较见表3-8。

表3-8   不同属性高等师范院校课程模块学分差异比较

院校属性	课程模块							
	T		Z		J		W	
	M	SD	M	SD	M	SD	M	SD
B	47.33	1.52	33.00	14.52	57.66	8.02	15.00	3.60
S	59.66	10.01	30.33	2.30	51.33	6.80	21.00	6.24
D	54.16	5.20	47.33	10.59	39.83	15.54	21.66	4.72
F 值	2.513		2.289		2.088		1.632	

从表3-8可以看出，所调查的高等师范院校学前教育专业在课程模块学分的比较中不存在显著差异（P>0.05）。从通识教育模块、专业教育模块、教师教育模块和综合实践模块四类课程模块得分的均值来看，部属院校在教师教育模块中学分均值最高，省属院校在通识教育模块中学分均值最高，地方院校在专业教育模块、综合实践教育模块中学分均值最高。

在各类课程模块学分设置上，各个高等师范院校之间也有所差异。

如图3-4所示，不同院校在通识教育课程模块学分设置有所不同。其中，S2院校的通识教育课程学分所占比重最大，约为41.82%，B1院校所占比重最小，约为29.49%。两者相差10%左右。9所院校的通识教育课程的学分占总学分的平均约为33.72%，因而，9所高等师范院校通识教育模块学分设置相对差异不大，学分设置较为统一。

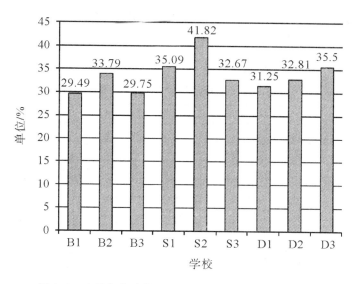

图 3-4　高等师范院校通识教育模块学分占总学分比重

如图 3-5 所示，在专业教育模块上，不同院校之间的学分比重差异比较大。其中 D3 院校的专业教育课程模块学分所占总学分的比重最大，约为33.73%，B2 院校比重最小，约为 12.41%。9 所高等师范院校的专业教育课程的平均学分占总学分的比重约为 23.15%，相比较而言，9 所高等师范院校专业教育模块学分设置存在一定差距。

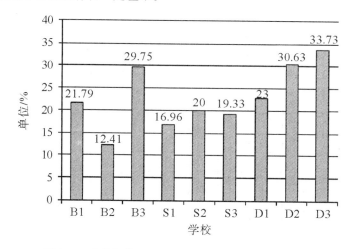

图 3-5　高等师范院校专业教育模块所占总学分比重

在教师教育课程模块上，不同院校在设置上存在着一定的差异。如图 3-6所示，B2 院校的教师教育课程模块学分所占总学分的比重最大，约为 45.52%，

D3 院校比重最小，约为 14.79%。9 所高等师范院校的教师教育课的学分占总学分的平均分约为 31.14%，因而，9 所高等师范院校教师教育课程模块学分存在一定的差异。

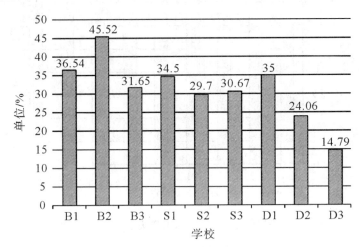

图 3-6　高等师范院校教师教育模块学分所占总学分比重

如图 3-7 所示，在综合实践教育模块上，各个院校的学分比重相对差距较大。其中，S3 院校综合实践教育模块学分比重较高，约为 17.33%，B2 院校的学分比重最低，约为 7.28%。9 所高等师范院校综合实践教育模块的平均学分比重约为 12%，因而，9 所高等师范院校综合实践教育模块学分比重差距较大。

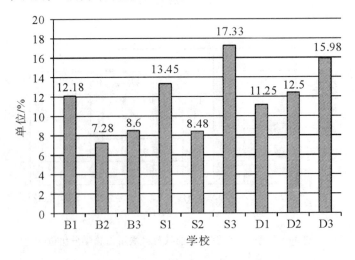

图 3-7　高等师范院校综合实践教育模块学分占总学分比重

从图 3-8 所示数据显示可知，不同属性院校学前教育专业各课程模块学分比重上存在各自的发展特点。

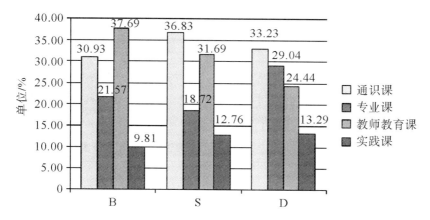

图 3-8   不同属性院校各模块学分平均数所占平均总学分比重

首先，从课程模块学分平均数占比来看，通识教育课程模块学分平均数占比情况中省属院校的比重相对最高，约为 36.83%；部属院校学分占比相对较低，约为 30.93%，但三类院校在通识教育课程模块平均学分占比上相差较少，因而通识教育模块学分设置整体较为统一；专业课程模块学分平均数占比中地方院校的比重相对较高，约为 29.04%，省属院校专业课平均分占比相对较少，约为 18.72%，因而三类院校在专业课程模块学分设置上有一定的不同；教师教育课程模块学分平均数占比情况中部属院校学分比重最高，约为 37.69%，地方院校相对最低，约为 24.44%，差距较大；实践课程模块学分平均数占比上三类院校差距不大，地方院校学分比重相对较高，约为 13.29%，部属院校相对较低，约为 9.81%。

其次，从不同院校的各个课程模块学分平均数占比情况来看，部属院校中的教师教育课程学分占比 37.69%＞通识教育课程学分占比 30.93%＞专业教育课程学分占比 21.57%＞实践课程学分占比 9.81%；而省属院校中的通识教育课程学分占比 36.83%＞教师教育课程学分占比 31.69%＞专业教育课程学分占比 18.72%＞实践课程学分占比 12.76%；地方院校各个课程模块学分比重整体呈现阶梯式下降状态，通识教育课程学分占比 33.23%＞专业教育课程学分占比 29.04%＞教师教育课程学分占比 24.44%＞实践课程学分占比 13.29%。

整体而言，部属院校教师教育课程学分平均数占比相对该类院校中其他课程模块最高，省属院校和地方院校的通识教育课程学分平均数占比相对同类院校中其他课程模块最高。

3. 必修课与选修课结构分析

必修课由公共必修和专业必修课两大部分构成，公共必修课是指所有专业都必须学习的基本课程，专业必修课则是为了保证本专业培养基本规格的统一要求①，体现幼儿园专业教师培养的共性。公共选修课程主要是为了扩充学生的知识面，发展基本素质而设置；专业选修课则是为了延伸学生的专业能力，发展个性特长而开设的课程。通过必修课与选修课开设情况的分析，发现学前教育专业课程结构存在的问题，对于优化学前教师教育具有重要作用。9所高等师范院校必修课与选修课学分及比重设置见表3-9。

表3-9　9所高等师范院校必修课与选修课学分及比重设置情况

院校	必修课程		小计/%	选修课程		小计/%
	公共必修	专业必修		公共选修	专业选修	
B1 （N＝156）	38 （24.36%）	92 （58.97%）	130 （83.33%）	8 （5.13%）	18 （11.54%）	26 （16.67%）
B2 （N＝145）	39 （26.90%）	61 （42.07%）	100 （68.97%）	10 （6.90%）	35 （24.14%）	45 （31.04%）
B3 （N＝158）	41 （25.95%）	107 （67.72%）	148 （93.67%）	6 （3.80%）	4 （2.53%）	10 （6.33%）
S1 （N＝171）	47 （27.49%）	91 （53.22%）	138 （80.71%）	14 （8.19%）	19 （11.11%）	33 （19.3%）
S2 （N＝165）	49 （29.70%）	84 （50.91%）	133 （80.61%）	20 （12.12%）	12 （7.27%）	32 （19.39%）
S3 （N＝150）	45 （30%）	80 （53.33%）	125 （83.33%）	4 （2.67%）	21 （14%）	25 （16.67%）
D1 （N＝160）	40 （25%）	84 （52.50%）	124 （77.5%）	10 （6.25%）	26 （16.25%）	36 （22.5%）
D2 （N＝160）	42.5 （26.56%）	85 （53.13%）	127.5 （79.69%）	10 （6.25%）	22.5 （14.06%）	32.5 （20.31%）
D3 （N＝169）	52 （30.77%）	103 （60.95%）	155 （91.71%）	8 （4.73%）	6 （3.55%）	14 （8.28%）

由表3-9数据可知，当前高校学前教育专业必修课和选修课程结构体系划分较为统一，课程界限清晰明了。从必修课和选修课所占总学分比重整体而言，9所高等师范院校的必修课程占据绝对主导地位，选修课程的比重相对较低。

----

① 谢山莉. 小学全科教师培养课程设置研究 [D]. 郑州：河南大学，2018.

从横向比较来看，必修课程与选修课程学分占比差距相对最大的是 B3 院校和 D3 院校，约为 9∶1；占比差距相对最小的为 B2 院校，约为 7∶3。在每个院校学前教育专业的必修课程中，专业必修学分所占比重明显高于通识课程的必修学分比重，但在选修课程学分比重上各有所不同，如 B3 院校、S2 院校及 D3 院校的通识选修课程学分所占比重均高于专业选修课学分占比。其余 6 所高等师范院校的专业选修课学分占比都高于通识选修学分占比。从纵向比较来看，D3 院校的通识必修课学分占比相对最高，约为 30.77%，B1 院校的通识必修课学分占比相对较低，约为 24.36%，两者之间差距不大，因而每个院校通识必修课程学分设置相对较为统一。B3 院校专业必修课学分所占比重相对最高，约为 67.72%，B2 院校相对较低，约为 42.07%，两者之间存在一定的差距。在公共选修课程学分所占比重上，S2 院校学分比重相对较高，约为 12.12%，B3 院校相对较低，约为 3.2%。在专业选修课程学分比重上，D1 院校所占比重相对较高，约为 16.25%，B3 院校所占比重相对较低，约为 2.53%。

4. 理论课程与实践课程结构分析

《普通高等学校本科专业类教学质量国家标准》中将课程体系分为理论课程、实践课程和毕业论文三类。其中理论课程由通识教育课程、专业基础课程、专业方向课程三类课程组成。实践课程包括教育见习、教育实习、教育考察、教育调查等。毕业论文包括学术论文、调查报告、研究报告、实验报告、教育、教学和管理案例分析报告等。规定在总学分中，实践课程所占比例应不低于25%。

以此为标准分析当前样本院校的理论课程和实践课程学时与学分，结果发现：9 所样本院校的课程设置中，只有 D1 院校标注理论课程和实践课程的学分及学时，其中实践教学包括军事伦理及训练、课内实验实训、独立设置的实验课、专业实习、毕业见习、毕业设计及创新创业实践，其总学分为 65.81，占总学分的 41.13%，符合国家政策标准的要求。S2 院校注明了其实践教学环节学分为 41 学分，占总学分的 25%，并无详尽内容说明。D2 院校在课程设置中注明了其总学时为 2 867 学时，其中理论讲授 1 855 学时，实践实验教学 1 012学时（课内实践实验 820 学时，课外实践实验 192 学时）。除此之外的 6 所样本院校在课程设置中，均没理论课程和实践课程整体学时学分的说明，因而不能做详尽比较分析。

5. 主要课程模块及开设内容

（1）通识教育模块

通识教育模块课程内容及学分比较分析见表3-10。

表 3-10　通识教育模块课程内容及学分比较分析

院校	相同课程内容		不同课程内容					总分
	必修	选修	必修			选修		
	国家规定	自然科学、人文社会	心理健康	大学语文	其他	艺术体育	其他	
B1	38	6	0	0	0	0	2	46
B2	34	10	0	2	3	0	0	49
B3	41	4	0	0	0	2	0	47
S1	43	4	1	2	6	2	2	60
S2	44	10	2	0	3	0	10	69
S3	38	4	0	1	4	0	0	49
D1	37	10	0	0	3	0	0	50
D2	40	4	1	0	1.5	2	4	52.5
D3	45	6	2	0	5	0	2	60

由表 3-10 可以看出，所调查的高等师范院校在通识教育课程平台的课程设置方面整体内容设置较为统一，主要有必修和选修两大类课程，在类别上高等师范院校均开设相同必修、选修科目，但各个院校在通识教育模块内容上却各有特色。

从开设的相同课程来看，高等师范院校通识必修课程集中开设国家所规定的课程，具体包括大学英语、大学体育、计算机基础、就业创业课、军事国防教育课、毛泽东思想与中国特色社会主义理论、中国近代史思想道德修养与法律修养、马克思主义基本原理等。相同的通识教育选修课主要集中于自然科学领域和人文社会领域。从开设的不同课程来看，通识教育必修课程主要开设了心理健康课、大学语文及地方特色其他课程，具体分析其他形式必修通识教育课发现，S2 院校开设独特的中华传统文化概论课，S3 院校在通识必修模块开设文献检索、现代自然科学基础课；D1 院校开设院校特色"女性学"和"专业导论"，D2 院校开设"河洛文化系列讲座"及"逻辑和批判性思维"等课程；D3 院校开设地方特色"贵州省情"等课程。通识教育选修课程主要集中在艺术体育领域及其他特色课程。其中，S2 院校的选修课大多开设与教师教育领域有关的课程，其他院校大多开设与通识教育有关的课程。

（2）专业教育模块

专业教育模块课程门数统计见表3-11。

表 3-11　专业教育模块课程门数统计

课程	B1	B2	B3	S1	S2	S3	D1	D2	D3
必修课	36	25	38	28	30	23	26	25	20
选修课	37	21	27	30	25	20	19	40	13
总计	73	46	65	58	55	43	45	65	33

注：专业教育课程必修及选修课开设科目包括教师教育课程模块的科目数。

在专业教育课程开设科目上，各个院校的科目数量相差较大。从横向来看，各院校必修课开设的科目B3院校开设的科目最多，达到38门；D3院校开设的科目相对最少，为20门；各院校从选修课开设科目来看，B1院校开设的科目最多，为37门；D3院校开设的科目最少，为13门；从各院校开设专业教育科目的总数来看，B1院校开设的科目最多，达到73门；D3院校开设的科目最低，为33门。整体而言，当前学前教育专业课程在专业必修课、选修课及开设总科目上都存在差距。另外，9所样本院校开设科目总数的中位数为55。整体而言，当前学前教育专业教育课程科目繁多，学生学习任务相对较重。

从纵向比较来看，有5所样本院校的必修课开设科目数多于选修课开设科目数，分别是B2院校、B3院校、S2院校、D1院校、D3院校；其余4所样本院校中，D2院校的选修科目数比必修课开设多15门科目。

①专业基础课。

高等师范院校主要专业基础课开设频次分析见表3-12。

表 3-12　高等师范院校主要专业基础课开设频次分析

课程名称	院校属性			总频次
	B	S	D	
幼儿保育学	3	2	3	8
学前教育学	2	3	3	8
幼儿园游戏	2	2	3	7
幼儿园课程	3	1	2	6
学前儿童心理学	2	0	3	5
学前教育史	1	2	1	4

表3-12(续)

课程名称	院校属性			总频次
	B	S	D	
儿童文学	1	1	2	4
幼儿园五大领域教育	2	1	1	4
学前教育研究方法	0	1	2	3
人体解剖生理学	2	1	0	3
幼儿观察与评价	0	2	0	2
学科专业导论	0	0	2	2
艺术教育概论	1	0	0	1
幼教名师论坛	1	0	0	1
比较学前教育	1	0	0	1
合计	21	16	22	59

由表3-12可知,各个院校的专业基础课主要集中在幼儿保育学、学前教育学、幼儿园游戏及幼儿园课程的课程内容上,并且大多数院校都开设了幼儿园游戏、幼儿园课程,关注学前教育研究方法课程的开设,较为符合培养目标中对幼儿教师科研素养的强调,但对幼儿园五大领域教育、儿童行为观察及幼儿教育热点及最新的内容关注较少。

②专业技能课。高等师范院校专业技能课开设频次分析见表3-13。

表3-13 高等师范院校专业技能课开设频次分析

课程名称	院校属性			总频次
	B	S	D	
美术	3	3	3	9
钢琴	3	3	3	9
乐理与视唱练耳	1	1	1	3
儿歌弹奏与演唱	2	1	1	4
音乐基础	2	3	2	7
舞蹈	3	3	3	9
总计	14	14	13	41

由3-13数据可知,不同属性院校专业技能课都集中于美术、钢琴、舞蹈、音乐基础等科目,而在儿歌弹奏与演唱、乐理与视唱练耳科目开设上相对较少。从纵向比较来看,不同属性院校开设专业技能课的科目数几乎相同,部属

院校和省属院校都分别开设了 14 门专业技能课，地方院校开设了 13 门专业技能课，相差不大。高等师范院校专业技能课开设学期分布见表 3-14。

表 3-14　高等师范院校专业技能课开设学期分布

课程	B1	B2	B3	S1	S2	S3	D1	D2	D3
音乐基础	1、2	0	1	4、5	1	1	2、3	0	1-4
美术	1、2	3	2	3、4	3、4	2、3	3、4	1、2	1-4
钢琴	3、4	4、5	2、3	3-6	2、3	1、2	2-4	1-3	1-4
舞蹈	1、2	0	1、2	1-4	1、2	1、2	3、4	2-4	1-4
弹唱	5	0	4	4	0	0	2-4	0	0
乐理与视唱	0	3	0	3	0	0	2	1、2	0

从表 3-14 可知，大多数样本院校的专业技能课集中开设在第 1~4 学期，B1 院校弹唱课开设在第 5 学期，B2 院校钢琴课开设学期在第 4、5 学期，S1 院校的钢琴课开设在第 3~6 学期。

高等师范院校学前教育专业技能课学分占比设置见图 3-9。

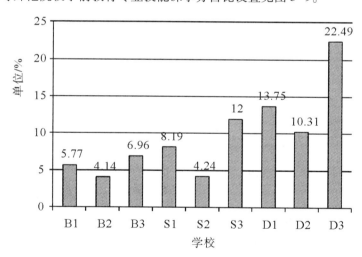

图 3-9　高等师范院校学前教育专业技能课学分占比设置

对于"高素质专业化"的卓越幼儿教师而言，具备一定的艺术素养和审美能力是必备的条件。从学分占比设置情况来看（见图 3-9），专业技能课程学分比重最高的是 D3 院校，专业技能课学分占总学分比重约为 22.49%，B2 院校相对学分占比最低，约为 4.14%，当前院校在专业技能课程学分设置上差异较大。从各个院校的属性来看，部属院校的专业技能课程学分比重整体上低于省属院校和地方院校，地方院校专业技能课学分占比最高。整体而言，在专业技能学分比重上三类不同属性院校呈现阶梯状上升趋势。

（3）教师教育模块

第一，不同属性院校教师教育课程必修科目开设情况。

《教师教育课程标准》将幼儿园职前教师教育课程划分为六大学习领域，分别是：J1 儿童发展与学习；J2 幼儿教育基础；J3 幼儿活动与指导；J4 幼儿园与家庭、社会；J5 职业道德与专业发展；J6 教育实践。教育实践在之后单独展现内容，表 3-15 是不同属性院校教师教育必修课在教师教育课程设置的五大学习领域中开设的具体科目统计情况。

表 3-15　高等师范院校学前教育专业教师教育模块必修科目比较

领域	课程名称	院校属性			总频次
		B	S	D	
J1	儿童发展	1	2	0	3
	教育心理学	3	3	1	7
	普通心理学	3	3	1	7
	发展心理学	1	2	1	4
	特殊儿童发展学习	1	1	1	3
J2	中外教育史	3	1	2	6
	教育哲学	2	0	0	2
	课程与教学论	1	0	0	1
	教育学原理	3	3	2	8
J3	幼儿游戏指导	1	1	0	2
	幼儿园五大领域教育活动设计与指导	3	2	3	8
	幼儿园教育评价	2	1	0	3
	幼儿心理健康指导	1	0	0	1
J4	幼儿园环境创设	0	0	1	1
	幼儿园组织管理	1	1	0	2
	学前儿童家庭与社区教育	2	0	0	2
	幼儿教育政策法规	2	0	1	3

表3-15(续)

领域	课程名称	院校属性			总频次
		B	S	D	
J5	教师职业道德	0	2	1	3
	教育研究方法	3	3	0	6
	教师专业发展	2	1	1	4
	教师语言书写技能	2	2	2	6
	现代教育信息技术	2	3	3	8
共计		39	31	20	90

由表3-15数据可知，不同属性院校学前教育专业在教师教育必修课模块中，按照《教师教育课程标准》的要求，在每个学习领域都开设了丰富的课程。

横向来看，每个学习领域开设的课程，J1儿童发展与学习领域开设的课程科目数相对较多，不同属性院校都集中开设普通心理学、教育心理学及发展心理学，对儿童发展和特殊儿童发展等科目开设的频次相对较低。在J2幼儿教育基础领域，不同属性院校都集中开设教育学原理和中外教育史，开设教育哲学和课程与教学论的较少。在J3幼儿活动与指导领域，不同属性院校都集中开设幼儿园五大领域教育活动设计与指导，而开设幼儿游戏指导、幼儿园教育评价、幼儿心理健康指导的较少。在J4幼儿园与家庭、社会领域，开设科目整体较少，学前教育政策法规开设相对较多。在J5职业道德与专业发展领域，不同属性院校集中开设现代教育技术课，并且教师语言书写技能、教育研究方法开设较多，教师职业道德开设较少。

纵向来看，不同属性院校在各个学习领域开设的科目可发现，部属院校相对其他两类院校而言，缺少开设教师职业道德、幼儿园环境创设；省属院校相对其他两类院校，缺少开设教育哲学、课程与教学论、幼儿心理健康指导、幼儿园环境创设、学前儿童家庭与社区教育、幼儿教育政策法规等科目；地方院校缺少开设有关儿童发展、教育哲学、课程与教学论、幼儿游戏指导、幼儿园教育评价、幼儿心理健康指导、幼儿园教育评价、幼儿心理健康指导、幼儿园组织管理、学前儿童家庭与社区教育、教育研究方法等科目。从开设科目总数来看，部属院校共开设教师教育必修课39门，省属院校共开设31门，地方院校共开设20门。

第二，不同属性院校教师教育必修课开设门数情况。

不同属性院校教师教育必修课开设门数差异比较情况见表 3-16。

表 3-16 高等师范院校教师教育必修课开设门数差异比较

院校	学习领域									
	J1		J2		J3		J4		J5	
	M	SD	M	SD	M	SD	M	SD	M	SD
B	3.00	1.00	3.00	1.00	2.33	1.15	1.66	0.57	3.50	3.53
S	3.66	0.57	1.33	0.57	1.33	0.57	0.33	0.57	5.00	2.00
D	1.33	1.15	1.33	1.15	1.33	0.57	0.33	0.57	2.66	0.57
F 值	4.87	3.12	1.5	5.33*	0.98					

注：* 表示 $P < 0.05$

从表 3-16 可知，不同属性院校教师教育必修课开设科目数在 J4 领域维度存在显著的差异（$P < 0.05$），并且部属院校在 J4 领域维度平均分高于省属和地方院校。在 J1、J2、J3、J5 领域维度不存在显著的差异，但从得分的平均值来看，省属院校在 J1、J5 领域维度平均值最高，而在 J2、J3 领域维度平均值最高的都是部属院校。

对不同属性院校开设教师教育必修课 J4 幼儿园与家庭、社会科目数进行事后多重分析，见表 3-17，结果发现：J4 学习领域开设的科目数在部属院校和省属院校之间差异达到了显著水平（$P < 0.05$）；在部属院校和地方院校之间差异也达到了显著水平（$P < 0.05$）。

表 3-17 不同属性院校开设的幼儿园与家庭、社会科目数维度多重分析（LSD）

院校属性	院校属性	均值差	标准误	显著性
部属院校	省属院校	1.33*	0.47	0.03
	地方院校	1.33*	0.47	0.03
省属院校	部属院校	-1.33*	0.47	0.03
	地方院校	0.00	0.47	1.00
地方院校	部属院校	-1.33*	0.47	0.03
	省属院校	0.00	0.47	1.00

注：* 表示 $P < 0.05$。

第三，不同属性院校教师教育必修课学分设置情况。

不同属性院校教师教育模块必修课学分差异分析见表3-18。

表3-18 高等师范院校教师教育模块必修课学分差异分析

院校	学习领域									
	J1		J2		J3		J4		J5	
	M	SD	M	SD	M	SD	M	SD	M	SD
B	8.66	2.88	12.66	4.61	5.33	3.78	3.33	1.15	8.00	5.29
S	11.00	1.73	4.66	2.88	6.33	7.50	0.66	1.15	9.66	4.72
D	2.83	2.46	4.16	3.61	9.00	6.24	0.16	0.28	5.50	2.78
F 值	9.14*		4.78		0.29		9.48*		0.68	

注：*表示 P<0.05。

表3-18显示，不同属性院校在J1儿童发展与学习领域、J4幼儿园与家庭、社会学习领域学分设置上存在显著的差异（P<0.05）。不同属性院校在J2幼儿教育基础领域、J3幼儿活动与指导领域、J5职业道德与专业发展领域的学分设置差异不显著（P>0.05）。但从不同学习领域得分的平均值看，J2幼儿教育基础领域上部属高等师范院校的平均值高于省属高等师范院校，高于地方高等师范院校；J3幼儿活动与指导领域上部属高等师范院校平均值低于省属高等师范院校，低于地方高等师范院校；J5职业道德与专业发展领域上，省属高等师范院校平均值较高，其次是部属高等师范院校，最后是地方高等师范院校。

通过对高等师范院校在J1儿童发展与学习领域学分设置进行事后多重比较（见表3-19），结果发现：省属院校和地方院校在儿童发展与学习领域学分设置上存在显著差异（P<0.05），并且省属高等师范院校比地方高等师范院校在儿童发展与学习领域设置的学分要高。

表3-19 不同属性院校的儿童发展与学习领域学分设置多重分析表（Bonferroni）

院校属性	院校属性	均值差	标准误	显著性
部属院校	省属院校	-2.33	1.96	0.841
	地方院校	5.83	1.96	0.075
省属院校	部属院校	2.33	1.96	0.841
	地方院校	8.16*	1.96	0.018
地方院校	部属院校	-5.83	1.96	0.075
	省属院校	-8.16*	1.96	0.018

注：*表示 P<0.05。

通过对高等师范院校在 J4 幼儿园与家庭社会领域学分设置进行事后多重比较（见表 3-20），结果发现：部属院校和省属院校、地方院校在幼儿园与家庭、社会领域学分设置上存在显著差异（P<0.05），并且部属高等师范院校高于地方高等师范院校学分设置，高于省属高等师范院校学分设置。

表 3-20　高等师范院校在幼儿园与家庭社会领域学分设置多重分析表（Bonferroni）

院校属性	院校属性	均值差	标准误	显著性
部属院校	省属院校	2.66*	0.78	0.04
	地方院校	3.16*	0.78	0.02
省属院校	部属院校	-2.66*	0.78	0.04
	地方院校	0.50	0.78	1.00
地方院校	部属院校	-3.16*	0.78	0.02
	省属院校	-0.50	0.78	1.00

注：* 表示 P<0.05。

第四，不同属性院校教师教育选修课开设门数情况。

从表 3-21 可以看出，所调查的高等师范院校教师教育模块在选修课开设门数比较重不存在显著差异（P>0.05）。根据 J1 儿童发展与学习领域、J2 幼儿教育基础领域、J3 幼儿活动与指导领域、J4 幼儿园与家庭、社会领域、J5 职业道德与专业发展领域门数得分的平均值来看，J1 儿童发展与学习领域地方高等师范院校的平均值得分较高；J2 幼儿教育基础领域三类高等师范院校得分相同，都是 4.66；在 J3 幼儿活动与指导领域汇总，部属高师院校平均值得分较高；在 J4 幼儿园与家庭、社会领域中，部属高等师范院校和省属高等师范院校平均值得分相同，为 2.33，高于地方高等师范院校平均值 2.00；在 J5 职业道德与专业发展中，省属高等师范院校平均值得分较高。

表 3-21　高等师范院校教师教育选修课门数差异

院校	学习领域									
	J1		J2		J3		J4		J5	
	M	SD	M	SD	M	SD	M	SD	M	SD
B	1.33	0.57	4.66	1.52	4.66	1.52	2.33	0.57	3.00	1.00
S	1.33	0.57	4.66	1.52	2.66	0.57	2.33	0.57	3.33	1.52
D	1.66	0.57	4.66	1.52	2.66	1.15	2.00	0	3.00	1.00
F 值	0.33		0		0.33		0.53		0.07	

第五，对教师教育课程设置满意度分析。

学生对教师教育课程整体表现评价见图3-10。

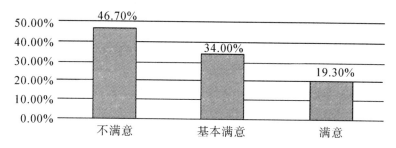

图3-10　学生对教师教育课程整体表现评价①

这一部分对应问卷上第二个部分，第9、10、11、12、13题，9题为"你对本专业教师教育课程整体安排是否满意"；10题为"你对本专业教师教育课程内容不满意的原因"；11题为"你认为本专业教师教育课程对小学教育工作重要性如何"；12题为"你认为本专业教师教育课程在整个课程体系中所占比重是否合理"；13题为"你认为本专业教师教育课程中必修课和选修课比例是否合理"。其分为五级评价制度，分别为1~5分，其中低于3分的评为第一等级，也就是不满意；大于等于3分的，但是小于4分的，评为第二等级，即为基本满意；大于等于4分的，评为第三等级，即为很满意。

从图3-10可以看出学生对教师教育课程整体情况不满意的占了46.7%，剩下53.3%的学生是比较满意的，在比较满意的学生里面又有34%的学生是基本满意，19.3%的学生是满意的。总体说来有接近一半的学生对教师教育课程整体开设情况是不满意的，这个数字是比较庞大的，说明高校的教师教育课程开设是存在一定问题的。

从表3-22中可以看出，卓越班与非卓越班学生对教师教育课程设置的评价存在显著差异（T=8.94，P<0.01），说明卓越班学生对教师教育课程的整体满意度高于非卓越班学生。

---

① 图3-10根据学生问卷资料统计而得。

表 3-22　不同类型学生对教师教育课程设置评价的差异分析（N=150）①

		教师教育课程设置评价	
		M	SD
是否卓越班	是（N=25）	3.77	0.53
	否（N=125）	2.60	0.87
T 值		8.94 **	

注：** 表示差异非常显著，P<0.01。

（4）综合实践教育模块

通过分析所调查高等师范院校学前教育专业课程设置可以看出，综合实践教育模块涵盖的内容丰富，形式多样，除传统的教育见习、实习、毕业论文外，部分院校还开设了具有个性化发展的实践教学活动，如教学技能展示训练、教育调查、科研实践等。但从总体来看，教育见习、实习依旧是实践课程的主要开展形式，具体设置情况如表 3-23 所示。

表 3-23　不同高等师范院校学前教育专业综合实践教育模块学分差异比较

院校	实践课程形式							实践总学分	占总学分比重/%
	教育见习		教育实习		毕业论文		其他实践		
	学分	学期	学分	学期	学分	学时	学分		
B1	5	3~6	6	7	8	128	0	19	12.18
B2	2	3、4	6	7	4	72	0	12	8.28
B3	0	0	8	6	4	72	2	14	8.86
S1	6	1~6	8	7	6	96	2	22	13.45
S2	2	2~6	4	7	6	96	2	14	8.48
S3	4	2~5	15	6	6	96	1	26	17.33
D1	4	3、6	4	8	8	128	2	18	11.25
D2	4	5	10	6	6	96	0	20	17.5
D3	5	3~6	8	7、8	6	96	8	27	15.98

如表 3-23 数据所显示，所调查的高等师范院校大多较为重视教育实习、见习及毕业论文等传统教育实践形式，并且各个院校的实践教育模块学分所占总学分比

①　表 3-22 根据学生问卷资料统计而得。

重相差相对较大。其中 D2 院校教育实践学分占总学分比重最大，约为 17.5%，B2 院校实践课程学分所占总学分比重最低，约为 8.28%，两者差距较大。

所调查高等师范院校学前教育专业综合实践课程大都开展了教育见习活动，但从教育见习活动的学分安排情况来看，各个高等师范院校的设置却各不一样。除了 B3 院校未对见习、实习学分进行分别划分外，S3 院校、D1 院校和 D2 院校的教育见习学分都设置为 4 学分，B1 和 D3 院校教育见习学分都设置为 5 个学分，B2 院校和 S2 院校的教育见习学分设置都为 2 个学分，S1 院校教育见习学分设置最高，为 6 个学分。各高等师范院校在见习时间上大多采用每学期分散见习的形式，时间较为方便灵动，如 S1 院校分散教育见习在第 1~6 学期，每一学期 1 周学时进行见习活动；D1 院校安排第 3、第 6 学期进行教育见习，每学期 4 周；B1 院校采用分散见习和集中见习相结合的方式进行，第 3~6 学期每周 4 学时进行分散见习，第 6 学期集中见习 3 周。

教育实习是各个院校开展学时最长、学分数较多的教育实践活动。但所调查的高等师范院校学前教育专业教育对安排专业实习的时间上存在着一定的差异，有 3 所院校将教育实习统一安排在第 6 学期，而 B1、B2、S1、S2 院校将教育实习安排在第 7 学期，D3 院校将第 7、8 学期全部安排为毕业实习。总体而言，高等师范院校都较为重视教育实习活动。

毕业论文主要是培养学生综合运用知识的能力和初步进行科学研究的能力，从毕业论文学分安排来看，所调查的高等师范院校的毕业论文学分设置主要集中在 4~8 分，并且大多高等师范院校安排论文写作时间为 96 个学时。

除上述主要的教育实践活动方式外，有些院校根据自身的培养方式开设了丰富多样的教学实践活动。如 D3 院校在第 1~4 学期中，每学期都开展职业技能训练，共计 4 个学分，并在第 6 学期开展学时 4 周的专业文献综述学年论文书写，共计 2 个学分。B3 院校的其他实践课程形式包括了 1 学分的教学能力测试，1 学分的社会实践。S3 院校其他实践形式包括了教育调查 1 学分。这些不同形式的实践教学活动在一定程度上丰富了学前教育专业学生的阅历，弥补了传统教育实践活动的不足，促进了学前教育专业学生对幼儿教育的理解以及开展教育教学活动的实践能力。

三、高等师范院校学前教育专业教育实习现状分析

本部分搜集了许多高等师范院校学前教育专业人才培养方案，然后从开展

"卓越幼儿教师培养"项目的高等师范院校中选取 6 所学校作为研究，考虑到研究的伦理与规范性问题，本研究分别用字母 S1、S2、S3、S4、S5、S6 命名研究的学院名称。从 6 所高等师范院校的学前教育专业人才培养方案中，通过对其教育实习设置的时间、学分等进行分析，了解学前教育专业教育实习基本设置情况。再结合研究的维度，分别选择基地园实习指导教师高等师范院校学前专业实习指导教师发放《高等师范院校前教育专业教育实习调查问卷（幼儿教师）》和《高师学前教育专业教育实习调查问卷（高师教师）》。另外，根据实际需要编制了访谈提纲，对高等师范院校实习指导教师、基地园实习指导教师、高师学前教育专业实习生和基地园园长进行开放性访谈，了解他们对教育实习的感受。

（一）调查样本的基本情况

本研究从学历、专业背景、年龄、教龄、职称等几方面对 45 名高等师范院校学前教育专业教育实习指导教师进行调查，如表 3-24 所示。此次调查中，本科学历教师有 3 人，占总人数的 6.67%；硕士学历教师有 36 人，占总人数的 80%；博士及以上学历的有 6 人，占总人数的 13.33%。由此可见，高等师范院校中教育实习的指导教师学历比较高。从专业背景来看，有 88.89% 的教师是学前教育专业，有 11.11% 的教师是非学前教育专业的，显而易见，大部分教师具有学前教育专业经验。从指导教师的年龄来看，21~30 岁的教师占了 33.33%；31~40 岁的教师占了 51.11%；41~50 岁教师占了 11.11%；51~60 岁教师占了 4.44%。可以看出，40 岁以下的教师占了大部分。从教龄来看，有 33.33% 的教师是 3 年以下教龄；13.33% 的教师教龄是 3~5 年；有 26.67% 的教师教龄是 5~10 年；有 26.67% 教师教龄是 10 年以上。从教师的职称来看，助教职称的教师占 20%；讲师占 60%；副教授占 13.33%；教授占 6.67%。由此可见，大部分指导教师的教学经验还是比较丰富的。

表 3-24　高等师范院校实习指导教师基本信息（N=45）

项目	选项	人数/人	百分比/%
学历	专科	0	0
	本科	3	6.67
	硕士	36	80
	博士及以上	6	13.33
专业背景	学前教育专业	40	88.89
	非学前教育专业	5	11.11

表3-24(续)

项目	选项	人数/人	百分比/%
年龄	21~30 岁	15	33.33
	31~40 岁	23	51.11
	41~50 岁	5	11.11
	51~60 岁	2	4.44
教龄	3 年以下	15	33.33
	3~5 年	6	13.33
	5~10 年	12	26.67
	10 年以上	12	26.67
职称	助教	9	20
	讲师	27	60
	副教授	6	13.33
	教授	3	6.67

基地园实习指导教师的基本情况，如表 3-25 所示。有 2.86% 的教师具有中专学历；35.71% 的教师具有大专学历；51.43% 的教师具有本科学历；10%的教师拥有硕士学历。可以看出，有接近四成的教师学历是本科以下，有六成的教师学历是本科以上，基地园实习指导教师的学历还是偏高的。从专业背景来看，有 167 人是学前教育专业，有 43 人是非学前教育专业，可见超过八成的教师经过学前教育专业训练，拥有一定的教学技能。从年龄和教龄来看，年龄在 21~30 岁的教师有 156 人；年龄在 31~40 岁的教师有 30 人；年龄在 41~50 的教师有 24 人；教龄在 3 年以下的有 102 人；在 3~5 年的有 45 人；5~10 年的有 30 人；10 年以上的有 33 人。由此可见，基地园的实习指导教师，以年轻教师为主，有 10 年以上教龄的指导教师比较少。

表 3-25 基地园实习指导教师基本信息（N=210）

项目	选项	人数/人	百分比/%
学历	中专	6	2.86
	大专	75	35.71
	本科	108	51.43
	硕士	21	10
专业背景	学前教育专业	167	79.52
	非学前教育专业	43	20.48
年龄	21~30 岁	156	74.29
	31~40 岁	30	14.29
	41~50 岁	24	11.43
	51~60 岁	0	0

表3-25(续)

项目	选项	人数/人	百分比/%
教龄	3 年以下 3~5 年 5~10 年 10 年以上	102 45 30 33	48.57 21.43 14.29 15.71

从基地园实习指导教师所在园基本情况（如表 3-26 所示）来看，有 153 名指导教师在公立园，占 72.86%；有 57 名指导教师在私立园，占 27.14%。从园所级别来看，有 147 名指导教师在示范园，63 名指导教师在非示范园。从指导教师所在园所地区来看，有 65.71% 的指导教师所在园在中心城市，有 34.29% 的教师所在园在非中心城市。可以看出，学前教育专业教育实习基地园在公立园、示范园和中心城市幼儿园的较多，这反映出这三类基地园教育实习指导教师资源丰富，重视教育实习指导，意识到位。

表 3-26　不同类别幼儿园指导教师数量统计（N＝210）

类别	选项	人数/人	百分比/%
性质	公立园 私立园	153 57	72.86 27.14
级别	示范园 非示范园	147 63	70 30
地区	中心城市 非中心城市	138 72	65.71 34.29

（二）学前教育专业教育实习计划分析

通过对高等师范院校学前教育专业人才培养方案的归纳，发现各个高等师范院校教育实习开展的时间、学期和设置学分都是不相同的（见表 3-27）。其中，S1 院校实习总学时是 16 周；S2 院校实习总学时的 18 周；S3 院校实习总学时是 16 周；S4 院校实习总学时是 18 周；S5 院校实习总学时是 8 周；S6 院校实习总学时是 18 周。可以看出，还是有部分高等师范院校学前教育专业教育实习总学时并未达到《教师教育课程标准》中提出的"教育实践（实习、见习）周数为 18 周"的要求。

从实习的学期来看，S1 院校学前教育专业教育实习在第 6 学期进行；S2 院校学前教育专业教育实习在第 7 学期进行；S3 院校学前教育专业教育实习在第 7 学期进行；S4 院校学前教育专业教育实习在第 7 学期进行；S5 院校学前教育专业教育实习在第 7 学期进行；S6 院校学前教育专业教育实习在第 7 学期进行。可以看出，高等师范院校学前教育专业教育实习实践都比较集中且靠后。从教育实习总学分来看，S1 院校教育实习总学分为 15 分；S2 院校教育实习总学分为 6 分；S3 院校教育实习总学分为 12 分；S4 院校教育实习总学分为 6 分；S5 院校教育实习总学分为 8 分；S6 院校教育实习总学分为 6 分。可以看出，有的院校对教育实习设置的学分还是比较偏低的。

表 3-27　不同高等师范院校学前教育专业教育实习计划比较

	S1	S2	S3	S4	S5	S6
总学时/周	16	18	16	18	8	18
学期	6	7	7	7	7	7
总学分	15	6	12	6	8	6

（三）高等师范院校及基地园对教育实习重视程度分析

1. 高师对学前教育专业教育实习重视程度分析

根据调查，如表 3-28 所示，在高等师范院校中，对于学前教育专业教育实习有 33.33% 的教师认为学校很重视；有 53.33% 的教师认为学校较重视；13.33% 的教师认为学校一般重视。而对于高等师范院校学前教育专业是否成立教育实习小组，100% 的学校都成立了。由此可见，高等师范院校对于学前教育专业教育实习还是比较重视的。

表 3-28　高等师范院校学前教育专业教育实习重视程度（N=45）

项目	选项	人数/人	百分比/%
重视程度	非常重视	15	33.33
	较重视	24	53.33
	重视	6	13.33
	不太重视	0	0
	不重视	0	0
成立教育实习领导小组	有	45	100
	没有	0	0

2. 基地园对学前教育专业教育实习重视程度分析

在基地园方面，如表 3-29 所示，35.71% 的教师认为基地园重视教育实习；35.71% 的教师认为基地园较重视教育实习；24.29% 的教师认为基地园对于教育实习重视程度一般；2.86%的教师认为基地园不太重视教育实习；1.43%的教师认为基地园不重视教育实习。从成立教育实习领导小组来看，成立与没有成立各占了58.57%和41.43%。可以看出，基地园对于学前教育专业教育实习重视程度不高。

表 3-29　基地园学前教育专业教育实习重视程度（N=210）

项目	选项	人数/人	百分比/%
重视程度	非常重视	75	35.71
	较重视	75	35.71
	重视	51	24.29
	不太重视	6	2.86
	不重视	3	1.43
成立教育实习领导小组	有	123	58.57
	没有	87	41.43

3. 高等师范院校学前教育实习生对教育实习态度分析

通过对基地园指导教师的调查，如表3-30所示，有16.19%的实习生在教育实习时态度非常好；有40.48%实习生在教育实习的时候态度较好；有30.95%的实习生在教育实习时态度一般；有12.38%的实习生在教育实习时态度不太好。由此可见，有接近四成的实习生对待教育实习不够重视。

表 3-30　高等师范院校学前教育专业实习生教育实习态度

选项	人数/人	百分比/%
非常好	34	16.19
较好	85	40.48
一般	65	30.95
不太好	26	12.38

（四）学前教育专业教育实习目标分析

教育实习目标，使实习生明确实习任务，使教育实习更具有目的性与方向性。如表3-31所示，从高等师范院校层面来看，有62.23%的指导教师所在院校为实习生制定学期目标；有24.44%的指导教师所在院校为实习生制定月目标；有13.33%的指导教师所在院校为实习生制定周目标。从基地园层面来看，有32.86%的指导教师所在园为实习生制定了学期目标；有22.86%的指导教师所在园为实习生制定了月目标；有25.71%的指导教师所在园为实习生制定了周目标；还有18.57%的指导教师所在园没有为实习生制定目标。

表 3-31　学前教育专业教育实习目标情况

	选项	人数/人	百分比/%
高等师范院校	周目标 月目标 学期目标 无目标	6 11 28 0	13.33 24.44 62.23 0
基地园	周目标 月目标 学期目标 无目标	54 48 69 39	25.71 22.86 32.86 18.57

（五）学前教育专业教育实习方式分析

根据调查，高等师范院校学前教育专业教育实习的方式是比较多样的，如表 3-32 所示。有 100% 的指导教师所在院校都有集中实习的方式；有 46.67% 的指导教师所在院校有分散实习的方式；有 40% 的指导教师所在院校有顶岗实习的方式。可以看出，教育实习的方式还是多样的，以集中实习为主。

表 3-32　高师学前教育专业教育实习方式

选项	人数/人	百分比/%	排序
集中实习	45	100	1
分散实习	21	46.67	2
顶岗实习	18	40	3
委托实习	0	0	4

（六）学前教育专业教育实习内容及教师指导情况分析

1. 高校指导教师实习指导分析

（1）指导实习生人数统计

从表 3-33 可以看出，高等师范院校学前教育专业教育实习指导教师有 11.11% 一次会指导 5~10 名实习生；有 55.56% 的实习指导教师一次会指导 11~20 名实习生；有 20% 的实习指导教师一次会指导 21~30 名实习生；有 13.33% 的实习指导教师一次会指导 31 名及以上的实习生。可以看出，高师实习指导教师每一次指导实习生的人数是比较多的。

表 3-33　高师指导教师指导实习生人数（N=45）

选项	人数/人	百分比/%
5~10 名	5	11.11
11~20 名	25	55.56
21~30 名	9	20
31 名及以上	6	13.33

（2）对基地园管理数量分析

根据调查发现（如表 3-34 所示），发现只有 9 名教师是在教育实习期间 1 人负责管理 1 所基地园，占总人数的 20%；有 36 名教师在教育实习期间一人负责管理 2~3 所基地园实习生，占总人数的 80%。可以看出，每位高师教育实习指导教师的任务是非常艰巨的。

表 3-34　高师指导教师基地园管理数量（N=45）

选项	人数/人	百分比/%
1 所	9	20
2~3 所	36	80
4~5 所	0	0
6 所及其以上	0	0

（3）指导内容差异分析

教育实习前期应该对实习生进行一些强化训练指导，为实习生走入一线幼儿园开展实习活动奠定基础。根据调查，如表 3-35 所示，高等师范院校学前教育专业教育实习前期强化训练内容是比较丰富的，100%的指导教师所在院校都会训练实习生撰写教案的能力；86.67%的教师所在院校会指导实习生开展校内试讲；66.67%的教师会对实习生进行微格教学指导；40%的教师会指导实习生提前了解实习学校教学情况和练习备课；33.33%的教师会组织学生观摩优秀教师的公开课；20%的教师会组织学生提前到实习基地园进行试讲。

表 3-35　高师实习指导教师实习前期指导内容

选项	人数/人	百分比/%	排序
撰写教案	45	100	1
校内试讲	39	86.67	2
微格教学	30	66.67	3
了解实习学校教学情况	18	40	4
练习备课	18	40	4
观摩优秀教师的公开课	15	33.33	5
实习学校试讲	9	20	6

学前教育专业实习生在进行教育实习期间，高等师范院校教育实习教帅在对实习生进行观察了解儿童、一日活动的开展和班级环境创设这三类实习内容指导最多，分别占了100%、93.33%和86.67%。而对于实习生的教玩具制作、日常保育活动的组织与实施和用正确的方式与家长进行简单的口头交流指导的最少，分别占了46.67%、40%和26.67%。具体如表3-36所示。

表3-36　高师实习指导教师教育实习期间指导内容

选项	人数/人	百分比/%
观察了解儿童	45	100
一日活动的设计、组织与实施	42	93.33
班级环境创设	39	86.67
班级常规工作管理	33	73.33
准备和开展公开课	24	53.33
教具、学具制作	21	46.67
日常保育活动的组织与实施	18	40
用正确的方式与家长进行简单的口头交流	12	26.67

每位高等师范院校教育实习指导教师都会全程关注实习生的教育实习工作。通过调查，发现高等师范院校指导教师对于实习生的纪律和安全方面关注的最多，两方面都占了93.33%，对于实习生的教学和生活方面关注得比较少，两方面都占了66.67%（如图3-11所示）。可见，教育实习指导教师对于实习生的教学和生活方面关注和指导的程度还不够。

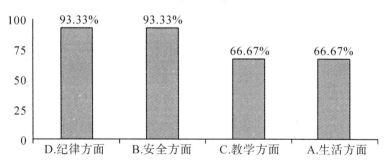

图3-11　高师指导教师教育实习期间管理实习生内容

2. 基地园指导教师实习指导分析

（1）指导实习生人数统计

根据调查，如表 3-37 所示，每名基地园指导教师带领实习生的人数中，有 51 人每次带领 1 名实习生，占教师有效人数的 24.29%；有 102 人每次带领 2 名实习生，占教师有效人数的 48.57%；有 36 人每次带领 3 名实习生，占教师有效人数的 17.14%；有 21 名教师每次带领 4 名及以上实习生，占教师有效人数的 10%。

表 3-37　每名基地园指导教师带领实习生人数（N=210）

选项	人数/人	百分比/%
1 名实习生	51	24.29
2 名实习生	102	48.57
3 名实习生	36	17.14
4 名及其以上	21	10

（2）指导内容差异分析

基地园实习指导教师教育实习期间指导内容如表 3-38 所示。

表 3-38　基地园实习指导教师教育实习期间指导内容

选项	人数/人	百分比/%
观察了解儿童	180	85.71
一日活动的设计、组织与实施	171	81.43
班级环境创设	159	75.71
班级常规工作管理	156	74.29
日常保育活动的组织与实施	138	65.71
用正确的方式与家长进行简单的口头交流	135	64.29
教具、学具制作	117	55.71
准备和开展公开课	90	42.86

从表 3-38 可以看出，学前教育专业实习生在教育实习期间，基地园教育实习教师对实习生观察了解儿童、一日活动的开展和班级环境创设这三类实习内容指导最多，分别占了 85.71%、81.43% 和 75.71%。对实习生用正确的方式与家长进行简单的口头交流、教玩具制作和准备开展公开课指导的最少，分别占了 64.29%、55.71% 和 42.86%。

课堂教学能力是师范生运用已有的教学理论知识在实践中教学的能力，有利于积累丰富的实践经验。根据对基地园指导教师调查得知（如表 3-39 所示），有 17.62% 的基地园实习指导教师在教育实习期间会对实习生进行 5 次以下的课堂教学指导；有 72.86% 的基地园实习指导教师对实习生一共会进行 5~10 次的课堂教学指导；有 8.10% 的基地园实习指导教师对实习生一共会进行 11~15 次的课堂教学指导；有 1.42% 的基地园实习指导教师对实习生一共会进行 15 次以上的课堂教学指导。由此可见，实习生在教育实习期间受到课堂教学指导次数是较少的，这不利于实习生教学能力的提升。

表 3-39　教育实习期间指导实习生讲课的次数（N=210）

选项	人数/人	百分比/%
5 次以下	37	17.62
5~10 次	153	72.86
11~15 次	17	8.10
15 次以上	3	1.42

3. 高师与基地园指导教师共同实习指导沟通分析

高等师范院校学前教育专业学生进行教育实习时，有高等师范院校指导教师和基地园指导教师共同指导，基地园指导教师与高师实习指导教师的沟通交流情况，如表 3-40 所示。有 72 名实习指导教师进行过沟通交流，占教师有效人数的 34.29%；有 75 名实习指导教师有 1~3 次的沟通，占教师有效人数的 35.71%；有 33 名实习指导教师有 4~6 次的沟通，占有效人数的 15.71%；有 30 名实习指导教师有 7 次及以上的沟通，占有效人数的 14.29%。可以看出，在教育实习期间，高校实习指导教师与基地园指导教师共同沟通频次在整个实习期间较低，说明对本科生实习的过程性指导不够充分将影响教育实习质量。

表 3-40　教育实习期间高师与基地园指导教师共同沟通情况（N=210）

选项	人数/人	百分比/%
无	72	34.29
1~3 次	75	35.71
4~6 次	33	15.71
7 次及以上	30	14.29

（七）学前教育专业教育实习评价分析

1. 高等师范院校学前教育实习评价分析

高等师范院校学前教育专业教育实习成绩评价如表 3-41 所示。

表 3-41 高等师范院校学前教育专业教育实习成绩评价（N=45）

项目	选项	人数/人	百分比/%
实习成绩考核方式	过程评价 终结评价 考核课 多种方式评价	6 21 3 15	13.33 46.67 6.67 33.33
实习成绩评定人员	指导教师评定 学生自评 实习领导小组评定 共同评定	28 10 5 2	62.22 22.22 11.11 4.44

如表 3-41 所示，当教育实习结束后，高等师范院校对学前教育专业教育实习的成绩考核方式，13.33%是进行过程考核评价；46.67%进行终结性评价；6.67%以考核后的形式进行成绩评价；有 33.33%是多种方式综合后对实习生进行成绩考核。高等师范院校对实习生的成绩评定人员，有 62.22%都是由高师实习指导教师进行评定；有 22.22%是实习生自己评价或实习生相互之间评价；有 11.11%是由高等师范院校教育实习领导小组进行成绩评定；有 4.44%是由高师实习指导教师、学生自评与他评和实习领导小组共同评定。

2. 基地园教育实习评价分析

如表 3-42 所示，基地园对学前教育专业实习生成绩的考核方式，27.14%进行的是过程考核评价；51.43%进行的是终结性评价；4.29%是通过考核课进行评价；有 17.14%是通过这几种方式综合进行的评价。基地园对实习生进行实习成绩评定的人员有 82.86%是基地园实习指导教师；有 5.71%是基地园实习生实习班级幼儿家长进行评定；有 2.86%是由实习生进行自我评定和相互之间的评定；有 8.57%是基地园实习指导教师、幼儿家长和实习生自评与互评的共同评定。

表 3-42 基地园教育实习成绩评价（N=210）

项目	选项	人数/人	百分比/%
实习成绩考核方式	过程评价 终结评价 考核课 多种方式评价	57 108 9 36	27.14 51.43 4.29 17.14
实习成绩评定人员	指导教师评定 学生自评 幼儿家长评定 共同评定	174 6 12 18	82.86 2.86 5.71 8.57

（八）学前教育专业教育实习实施保障分析

1. 高师学前教育专业教育实习实施保障分析

如表 3-43 所示，学前教育专业实习生在进行教育实习时，有 40% 的高等师范院校实习教师指出，高等师范院校会为实习生提供交通、生活补助费；还有 60% 的教师表示高等师范院校不会为实习生提供交通、生活补助。高等师范院校教育实习指导教师有 36 人表示，会有实习指导经费，占教师有效人数的 86.67%；有 6 人表示没有实习指导经费，占有效人数的 13.33%。

表 3-43　高等师范院校学前教育专业教育实习实施保障（N=45）

项目	选项	人数/人	百分比/%
实习生交通、生活等补助费	是 否	18 27	40 60
指导教师指导经费	是 否	36 6	86.67 13.33

2. 基地园教育实习实施保障分析

如表 3-44 所示，有 20% 的基地园指导教师表示基地园只为实习生提供午餐；有 2.86% 的基地园为实习生提供住宿；有 17.14% 的基地园会给实习生提供午餐和住宿；有 60% 的基地园不会为实习生提供午餐与住宿。基地园实习有 44.29% 的实习指导教师有实习指导经费，55.71% 的实习指导教师没有实习指导经费。

表 3-44　基地园教育实习实施保障（N=210）

项目	选项	人数/人	百分比/%
为实习生提供	午餐 住宿 都有 都没有	42 6 36 126	20 2.86 17.14 60
指导教师指导经费	是 否	93 117	44.29 55.71

（九）学前教育专业教育实习效果分析

如表 3-45 所示，对高等师范院校教育实习指导教师和基地园教育实习指导教师进行调查后发现，实习生实习结束后实习目标达成度状况，20% 的高等师范院校指导教师认为实习生达成了；55.55%的高校实习指导教师认为实习生基本达到了实习目标；24.44%的高校实习指导教师认为实习生未达成实习目标。27.14%基地园指导教师的实习指导教师认为实习生达到了目标；48.57%的实习指导教师认为实习生基本达到了实习目标；24.29%的基地园指导教师认为实习生没有达到实习目标。对于教学技能层面，26.66%高师指导教师认为实习生的教学技能增强；42.22%高师指导教师认为教学技能进步不大；31.11%高师指导教师认为实习生教学技能没有增强。基地园指导教师中，15.24%基地园指导教师认为实习生教学技能有增强；65.24%的基地园指导教师认为实习生教学技能没有明显进步；还有19.52%的基地园指导教师认为实习生教学技能没有增强。对于一日生活组织能力，高师指导教师与基地园指导教师都认为实习生有增强，分别占了44.44%和41.43%；高师指导教师和基地园指导教师认为实习生的一日生活组织能力一般，分别占了40%和32.86%；高师指导教师和基地园指导教师认为实习生的一日生活组织能力未增强，分别占了15.55%和25.71%。实习生在实习过程中，从其对幼教现状的了解程度来看，有13.33%的高等师范院校指导教师认为实习生很了解；有55.55%的高师指导教师认为一般了解；有31.11%的高师指导教师认为不了解。而有32.86%的基地园指导教师认为实习生对于幼教现状很了解；有58.57%的基地园教师认为实习生了解程度一般；有8.57%的基地园指导教师认为实习生不了解幼教现状。实习生在教育实习期间，应当培养自身教育教学研究能力，高师指导教师与基地园指导教师都认为实习生教育教学研究能力一般，分别占了57.77%和51.43%；高师和基地园指导教师认为实习生教育教学研究能力有提高分别占了11.11%和12.86%；高师和基地园指导教师认为实习生教育教学研究能力没有提高，分别占了31.11%和35.71%。从教育实习的整体效果来看，大部分高师教育实习指导教师和基地园实习指导教师都认为实习目标达成度、教学能力、一日生活组织能力和教育教学研究能力四大方面的实习效果并不是很好。由此可见，高师学前教育专业教育实习还存在问题。

表 3-45 高师实习指导教师与基地园实习指导教师对教育实习效果评价

项目	选项	高师 指导教师 （N=45）	百分比 /%	基地园 指导教师 （N=210）	百分比 /%
目标达成度	达成 基本达成 未达成	9 25 11	20 55.55 24.44	57 102 51	27.14 48.57 24.29

表3-45（续）

项目	选项	高师指导教师（N=45）	百分比/%	基地园指导教师（N=210）	百分比/%
教学技能	增强 一般 未增强	12 19 14	26.66 42.22 31.11	32 137 41	15.24 65.24 19.52
一日生活组织能力	增强 一般 未增强	20 18 7	44.44 40 15.55	87 69 54	41.43 32.86 25.71
对幼教现状了解程度	很了解 一般 不了解	6 25 14	13.33 55.55 31.11	69 123 18	32.86 58.57 8.57
教育教学研究能力	提高 一般 未提高	5 26 14	11.11 57.77 31.11	27 108 75	12.86 51.43 35.71

第四章 当前幼儿教师培养存在的主要问题

根据《卓越教师培养计划》《师范类专业认证标准》《教师教育课程标准》等对高师学前教育专业教育实习的要求，通过现状分析，我们发现目前高等师范院校学前教育存在以下几个方面的问题。

一、高等师范院校学前教育专业课程设置的主要问题

高等师范院校是负责培养合格教师的专门高等学校，是培养相关教师的中流砥柱①。本研究通过分析培养卓越幼儿教师要求，审视、反思当前高等师范院校学前教育专业课程设置，发现在培养目标、课程结构及课程内容方面存在一些不足。

（一）培养目标设置定位存在偏差

1. 培养目标定位较为理想化，缺乏实践性

人才培养目标是人才培养方向的指挥棒。学前教育专业培养目标不仅能够引导专业发展方向、规定专业课程设置、影响课程实施及评价，甚至能够决定学生将来的社会适应性和幼儿教师的专业发展方向及质量。《普通高等学校本科专业介绍》② 将学前教育专业培养目标定位在"本专业培养具有良好思想品德、扎实的学前教育专业知识，能够在保教机构、教育行政部门以及其他相关机构从事保教、研究和管理等方面工作的复合型人才。"根据前文对九所样本

---

① 王桢. 高师小教专业卓越教师培养课程设置发展研究 [D]. 银川：宁夏大学，2018.
② 教育部高等教育司. 普通高等学校本科专业目录和专业介绍：2012 年 [M]. 北京：高等教育出版社，2012：81.

院校培养目标的分析得知，大多数院校学前教育专业培养目标都定位在从事保教工作、教育教学工作人员及管理、科研人员。显然，九所样本院校的培养目标都是按照标准的基本要求制定而成的，缺乏对市场需求和地方特点的调研、论证，各个院校的培养目标整体都呈现出要求高、要求大、要求综合、无特色等特点。另外，针对培养教育行政管理者、科研工作者的定位而言，无论在当前课程设置内容方面还是课程实践开展方面，都没有做到与培养目标接轨。例如，教育管理者一方面要从基层做起，要具有一定的实践经验，另一方面也应具备专业的管理学知识和能力，而当前学前教育课程设置方面大部分都是有关教育学类的内容，在教育实践方面也都是跟幼儿园教育实践相关，因而与培养管理人才的目标相比相差较远，培养目标定位缺乏实践性。

2. 培养目标较为全面但更新不及时，缺乏院校特色

培养目标具体规定了该专业学生应达到的基本素养和业务规格，是培养方案的主导部分，对课程内容安排起着导向和约束作用①。根据前文对所调查的高等师范院校人才培养目标的分析可知，当前高等师范院校学前教育专业人才培养目标基本都满足了《幼儿教师专业标准（试行）》和《教师教育课程标准（试行）》对幼儿教师培养的要求：首先遵从师德为先的理念，重视幼儿教师职业道德养成，将师德养成放在各个高等师范院校学前教育专业培养目标要求的首位，贯彻幼儿为本基本理念，培养幼儿教师尊重幼儿、关爱幼儿、热爱教育事业等专业理念，培养学前教育专业学生应具备幼儿教育专业知识和能力，重视学生教育实践能力培养等。

在当前多样化的社会需求下，随着各种亲子园、托儿所、婴幼儿生活馆等学前教育从业机构的出现，专业化程度更高的学前教育工作者成为社会发展的硬性需求，卓越幼儿教师培养成为社会发展对学前教育专业人才需求的应然和必然目标。卓越教师培养计划2.0计划和《学前教育专业认证标准（第三级）》对卓越幼儿教师培养目标有了新的要求，卓越幼儿教师应当具有深厚的教育情怀，尊重幼儿人格，富有爱心、责任心、事业心，工作细心、耐心；不仅要具备扎实的专业基础，更要了解领域渗透与知识整合，对学习科学相关知识能理解并初步运用，能综合领会并形成专业领域教学知识；针对保教能力培养，卓越幼儿教师要能够根据幼儿身心发展规律和学习特点，整合各领域的学习内容，科学规划一日生活，创设教育环境，实施融合教育；并且卓越幼儿

① 徐奕菊，柳国荣. 教学质量国家标准下我国特殊教育专业培养方案比较研究 [J]. 绥化学院学报，2019，39（1）：130-132.

教师培养目标更加关注幼儿教师综合育人和终身学习发展能力,具体而言就是应当具备与家长及社区沟通合作,充分利用各种教育资源全面育人,并建立良好师幼关系、同伴关系。幼儿教师应当具有终身学习和专业发展意识,关注国内外学前教育发展动态,具备创新反思研究能力等。对比卓越幼儿教师培养要求,发现当前高等师范院校学前教育专业在人才培养目标上缺乏创新性和前瞻性,欠缺对幼儿教师综合育人、创新教学及终身发展学习能力的关注和培养,并且不同层次的高等师范院校学前教育专业人才培养目标整体呈现出"同质化",缺少不同地方、不同属性高等师范院校的独特定位及人才培养目标的地方特色。

(二) 课程结构划分不合理

通过前文对所调查的九所高等师范院校学前教育专业培养方案的分析,发现我国高等师范院校学前教育专业课程设置在结构方面存在不规范、不合理等现象,集中体现在以下几个方面:第一,课程整体结构划分标准不一,差异较大;第二,课程模块学分比重差异较大,缺乏统一标准;第三,必修课程和选修课程失衡,学生选择性较小;第四,理论课程和实践课程设置没有规范呈现内容要求。

1. 课程整体结构划分标准不一,差异较大

从当前不同层次高等师范院校学前教育专业课程结构设置上来看,整体划分为通识教育模块、专业教育模块、教师教育模块和综合实践教育模块课程四种类型,但不同层次高等师范院校的学前教育专业无论是在课程总学分设置方面,还是在各个模块之间的学分比重设置方面,都具有较大的差异。具体而言,所调查的九所高等师范院校学前教育专业课程设置共有 3 类分类方式,8 种课程结构。由于各个院校对课程模块划分标准理解的差别,导致每所院校都有各自不同的课程结构。如:B1 院校将实践课程模块融入专业教育模块和教师教育模块中,没有单独设立实践教育课程模块;B2、D1 院校没有单独设立教师教育课程模块,而是将教师教育课程模块融入专业教育课程模块中;D1、D2、S3 院校将创新创业实践模块从综合实践教育模块中单独提出,形成独立的创新创业课程模块。由于当前高等师范院校对于各类课程模块的划分标准没有明确的认识,课程模块的内容划分随意性也较大,因而对于具体开设科目的归类也存在配置混乱等问题。因此在同一课程模块之中,所调查的九所高等师范院校所开设课程门目也不尽相同。例如,教师教育课程模块作为学前教育专业课程设置的重要组成部分,调查对象中只有四所高等师范院校在课程设置上

将其单独划分，并且在进行拆分组合课程模块的内容之前，各个高等师范院校开设课程门数及内容也是千差万别的。

2. 各个课程模块学分比重差异较大，课程比例不合理

一方面，各个高等师范院校在同一课程模块学分比重划分的差异较大。例如通识教育课程模块，S2 院校的学分占总学分比重最高，约为 41.82%，与学分占比较低的 B1 院校相差约多占 10% 的学分比重。在专业教育课程模块方面，虽然笔者按照课程内容对所调查的高等师范院校课程设置进行了统一专业教育模块划分，但拆分之前一些高等师范院校在对专业核心课的理解下额外划分了专业方向、专业基础、专业核心等不同内容板块，因而各个高等师范院校在专业教育课程模块学分比重差距也相对较大。在教师教育课程模块上，学分占比相对最大的 B2 院校与学分占比重相对最小的 D3 院校占比差超 30%，可以看出其差距相对较大。教师教育课程模块学分设置的差距，会导致各个高等师范院校培养出的学前专业学生在知识储备和技能训练等方面存在较大差异，不利于提升整体学前教育专业学生的专业素养，同时也在一定程度上阻碍了学前教育事业的整体发展。

另一方面，各个高等师范院校内部课程模块设置上学分比重也存在较大的差距。如 S2 院校中通识教育模块学分占比最高，高达 41.82%，严重影响了该院校其他课程模块开设，在一定程度上挤压了专业教育课程模块和教师教育模块的学分比重，不利于培养和提升学前教育专业学生的专业素养，有可能导致学前教育专业学生毕业后的从教能力相对较差；B2 院校教师教育课程学分占比最高，达到 45.52%，而教育实践课程模块占比约为 7%，各类课程模块学分设置比例的严重失衡，不利于学前教育专业学生的全面发展，阻碍了高素养专业化卓越幼儿教师的培养。

3. 必修课程和选修课程设置失衡

根据当前对卓越幼儿教师培养目标的要求分析，发现课程设置在结构上不仅要考虑幼儿教师培养中对基本必修课完成，并且要提供具有多重选择的选修课。因而，高等师范院校学前教育的专业课程设置既要满足培养学前教育专业学生的专业"统一性"，同时也要保证发展学生自身的"个性"和特点。根据上文对高等师范院校必修课程和选修课程所占学分比重的分析，发现当前高等师范院校学前教育专业课程设置中选修课学分占比较小，必修课学分占绝对的主导地位，而且一些院校学前教育专业必修课与选修课之间比重相差较大，选修课程学分只占总学分的 10% 左右。

整体而言，当前高等师范院校课程设置中选修分较低，学前教育专业学生

对选修课程的选择束缚较大，并且学前教育专业学生对选修课的选择范围很大程度上局限于专业课程的选择，不利于发展学生个人的独特性，同时也容易造成培养的卓越幼儿教师缺乏个性化等。

4. 理论课程和实践课程未能呈现规范要求

当前在幼儿教师培养目标中强调实践取向，要求课程内容设置也要注重实践环节安排，并明确规定实践类课程学分要高于总学分的25%。对于此项明确的规范要求，大多数高等师范院校并未真正规范呈现，在人才培养方案上并未对实践课程做出单独说明，因而在课程实施环节更加有可能缺乏实践引领，忽略学前教育专业学生对课程实践性的需求。

(三) 课程内容缺乏整合性和针对性

1. 通识教育课程内容侧重工具价值，缺乏创新性

如果说专业教育旨在培养学生在某一知识领域的专业技能和谋生手段，那么通识课程则要通过知识的基础性、整体性、综合性、广博性，使学生拓宽视野、避免偏狭，培养独立思考与判断能力、社会责任感和健全人格，也就是教他们学会做人①。我国大多数高等师范院校长期以来实施片面的专业教育，忽视了通识教育课程模块对专业领域人才个性自由、全面发展的关注。

从我国现在高校通识教育课程开设的内容来看，通识教育课程具有强烈的应用性、工具性色彩，忽视了学生综合素养的养成，并且大多数的课程内容未体现学前教育专业特性。当前各院校通识教育课程主要以必修和选修两种方式开设，并且科目开设上国家教育主管部门权力集中，并硬性规定了高校政治国防教育、体育、计算机、英语及创业就业等课程，因而在这些课程开设方式、学分比重等方面表现较为一致。在选修课程上，大多数院校涵盖了自然科学、人文艺术、体育活动等方面的内容，更新程度较为缓慢，在一定程度上未能很好地体现学前教育专业的特性及对广博知识的需求。

2. 专业教育课内容设置缺乏规范，专业技能课学分占比差异较大

不同高等师范院校对于专业教育课程模块内容划分标准理解不一，开设科目数量相差较大。由于《教师教育课程标准（试行）》中对幼儿园职前教师课程设置内容划分较为丰富，因而学科专业课与教师教育专业课程划分标准显得较为模糊，大多数学校开设的课程集中于幼儿保育卫生学、学前教育学、幼儿园游戏理论、幼儿园课程等。从不同层次高等师范院校开设的专业课来看，

---

① 庞海芍. 通识教育课程的困境与出路 [J]. 江苏高教, 2010 (2): 63-66.

三类院校都开设了学前教育史、儿童文学、幼儿园五大领域教育等内容，部属高等师范院校和省属高等师范院校都开设人体解剖生理学，而地方高等师范院校并未开设此类课目；省属高等师范院校相比其他两类院校而言，开设了幼儿观察与评价课；地方高等师范院校相比而言，开设了学科专业基础导论课；部属高等师范院校相比而言，开设了艺术教育概论、幼教名师论坛、比较学前教育学等课。整体而言，不同属性高等师范院校在专业基础课开设上，既有相同科目，又有各自独特开设的科目。

通过上文对高等师范院校学前教育专业技能课学分及内容比较分析可知，当前大多数高等师范院校主要集中开设学前教育专业技能课程，重点培养学前教师美术、音乐、钢琴、音乐基础等方面的知识与技能，但不同属性高等师范院校在专业技能课的学分设置上存在较大的差距，部属高等师范院校专业技能学分低于省属高等师范院校，低于地方高等师范院校的专业技能学分。在专业技能课开设学期上，大多高等师范院校都集中在第1～4学期进行专业技能课学习，并且在大四前专业技能课几乎全部结束，这样的课程时间安排对于没有专业技能基础的学前教育专业学生而言，只能学到一些皮毛专业技能，极难提升学生自身的艺术素养。

（四）教师教育课程内容设置有待完善

从当前《教师教育课程标准（试行）》中对幼儿园职前教师教育模块课程设置的学习领域及开设科目来看，当前所调查的高等师范院校学前教育专业对教师教育课程标准的理解不一，开设的教师教育模块课程门数千差万别，但总的来说，教师教育模块开设的课程内容较为丰富，开设教师教育必修及选修科目较多，但目前出现的主要问题有：部分学习领域开设的课程门数重复；缺乏对特殊儿童发展与学习领域、幼儿园教育环境创设领域的关注；关于幼儿园与家庭、社会学习领域开设的课程门数相对较少；对现代信息技术的培训内容更新较慢等。

1. 课程内容重复

从上文对所调查的高等师范院校教师教育模块课程内容分析，发现当前学前教育专业教师教育课程开设门数较多，但在内容方面存在重复，如：高等师范院校在J1儿童发展与学习领域中，关于心理学教育共开设了3门科目，分别是教育心理学、发展心理学、心理学基础，课程内容较为重复，并且在专业基础课中部属高等师范院校和地方高等师范院校还开设了学前儿童发展心理学课，在学习内容上较为重复；另外，关于幼儿园教育活动设计与实施课和幼儿园五大领域教育与活动指导课开设有重复现象；专业基础模块课程中幼儿园五大领域教育与教师教育模块课程关于幼儿园五大领域教育活动指导课开设有重复；教育研究方法和学前教育研究方法开设有重复等。课程内容的重复开设不仅加重了学前教育专业学生的学习任务，导致学生每天疲于上理论课，难以保证学习质量和效果，而且挤占了学生的自由时间，导致学生没有太多的时间去涉猎其他书籍资料，进行自主学习知识、培养自身的反思研究能力，也有可能会造成学生专业认同感低、产生厌学情绪等。

2. 缺乏对特殊儿童发展及幼儿园教育环境创设课的关注

在《师范类专业认证标准（暂行）》中要求卓越幼儿教师应当具备"创设教育环境，综合实施教育活动，有针对地指导学习过程，实施融合教育"的保教能力。但反观当前高校学前教育专业教师教育课程模块内容，对于特殊儿童发展与学习课程开设的数量较少，并且部属高等师范院校和省属高等师范院校缺乏开设幼儿园教育环境创设课，课程内容上的不完善影响学前教育专业学生融合素养的发展，更阻碍了卓越幼儿教师的培养。

3. 幼儿园与家庭、社会学习领域开设的课程门数相对较少

在当前学前教育专业教师教育课程模块的六大学习领域中，幼儿园与家庭、社会学习领域开设的门数相对于其他学习领域来说数量较少，大多数高等师范院校学前教育专业课程设置中缺乏对其重视和理解，主要体现在有关幼儿园管理、家庭社区资源开发以及幼儿教育政策法规课程开设较为薄弱。

"善于综合育人"的卓越幼儿教师必须能够掌握班级建设、与家长及社区沟通合作等班级常规工作要点，充分利用各种教育资源全面育人，因而需要专门学习幼儿园家庭与社区教育。然而在上文分析中发现只有部属两所高等师范院校开设有关幼儿园家庭、社区教育课，其余院校均未开设。"师者，人之模范也。"为师亦为范的职业特性使幼儿教师的一言一行都会对学生产生巨大影响。教育政策与法规的学习能更好地让学前教育专业学生明确教师权利、责任和义务，从而为之后开展教育教学活动保驾护航。但在上文对教师教育模块必修课的分析中发现，只有部属两所高师学校和一所地方高等师范院校开设了幼儿教育政策法规的课程，并且学分设置相对较低。

4. 缺乏对现代信息技术内容的更新

幼儿园教学中，现代信息技术的应用相较于传统教学方法而言，更加生动直观、吸引幼儿注意力，如若幼儿教师能够恰当借助当今迅速发展的信息技术，结合幼儿感官触觉等发育年龄特点，不仅能够使教学内容一目了然，还能事半功倍地收获良好的教学效果。因而信息技术能力对于幼儿园教育而言有着

举足轻重的地位，当前所调查的高等师范院校学前教育专业都开设现代信息技术课，然而课程内容以微课教学为主。随着信息技术的快速发展，各类高校和幼儿园基于新兴的现代信息技术不断升级信息系统建设、改善基础教育学校的教育信息化软硬件，逐渐完善高校和幼儿园教室的电子白板、电子书包、智慧课堂等信息设备，因而高等师范院校也要更新学前教育专业学生信息技术培训的内容，只有当学前教育专业学生真正理解和掌握最新、最常用的信息技术，才有可能在以后的教育教学中灵活自主地借用信息技术开展有效教学。

5. 教育实践课程弱化，与理论教育相脱节

教育实践是教师教育的一个重要组成部分，是培养师范生成为反思性实践者的重要载体。但从上文对九所高等师范院校综合实践教育模块课程分析发现，当前教育实践课程学分占总学分比重较低，各个院校之间差距较大，教育实践环节较为弱化，理论教育与实践环节相脱节，导致教育实践环节流于形式，不利于学前教育专业学生实践能力的长久发展。

当前大多数高等师范院校对教育实践环节的安排仅限于学分设置、学期选择及实践时长等内容，缺乏对教育实践实施方式、实践内容、实践要求及实践评价等设置，说明各高校对教育实践的理解还依旧停留在依靠实践活动安排及学时的达标程度来评价实施效果，教育环节系统化设计仍然需要强化。另一方面高等师范院校的实践学分占比差距较大，各个高等师范院校对于教育实践开设形式存在差异，缺乏统一标准，在教育实践开展内容方面缺乏统筹安排和考核，由于不同层次高等师范院校办学条件与环境的差异，以及高等师范院校对教育实践理解的不同，导致当前大多数高等师范院校在教育实践环节安排缺乏参照性、指导性文件，当前教育见习、实习和毕业论文是目前最重要的三种实践形式，并且不同教育实践形式相互割裂，缺乏内在的联系。

二、学前教育专业教育实习存在的主要问题

（一）教育实习时间安排不够合理

通过前面调查，发现我国高等师范院校学前教育专业教育实习大多是在大四进行，有的院校会在大三下半学期进行，教育实习的时间周数大致是 14~18 周。从查阅的资料、文献中可以看出，美国和英国的教育实习从大二、大三就开始进行了，并且时长大致都在 15~20 周，相比之下，我国的高等师范院校教育实习安排的实践比较集中和短暂，并且还比较靠后。通过对高等师范院校

学前教育专业实习生进行访谈，有90%的实习生都谈道：教育实习的实践安排都不太合理，大多数同学在大四的时候面临考研或者找工作，集中在这个时间段实习，不仅导致很多同学实习时间匆忙，并且忙于复习对实习也力不从心，从而影响了实习的效果。虽然很多高等师范院校的实习在时间设置上满足了《教师教育课程标准》中提出的"实习至少一个学期"的要求，但是从实习前期的准备工作到实习后期的总结，实习生要在如此短暂的时间内在一线教学中适应幼儿教师角色的转变，对于实习生来说是非常困难的，并且除了教育实习以外，实习生可以独立组织开展教育教学活动和接触幼儿园其他工作的机会都是比较少的。这样不仅会对实习生的自我反思产生不利的影响，也会使实习生很难保质保量地去完成教育实习的各种任务。实习生面对着就业、考研与实习的几重压力，会让他们感到力不从心，不仅导致教育实习达不到良好的效果，还会对实习生的就业和继续学习产生不利的影响。为了平衡这些关系，高等师范院校应当合理地安排教育实习的时间，使实习生既可以很好地完成教育实习的任务，又可以安心地完成自己的毕业、就业或深造的目标。

（二）园校合作未达到一体化程度

1. 教育实习受重视程度不够，合作地位不对等

高等师范院校学前教育专业教育实习是幼儿教师职前培养的重要环节，对提升学前教育专业学生的实践技能和促进其职业生涯发展具有重要的作用。通过调查发现，高等师范院校对学前教育专业教育实习都是比较重视的，并且都成立有专门的教育实习领导小组，而基地园中还存在有4.29%的园所不太重视学前教育专业教育实习，并且还有41.43%的基地园没有成立专门的教育实习领导小组。由此可见，基地园对于教育实习的重视程度没有高等师范院校重视程度高。高等师范院校和基地园都是培养幼儿教师的重要场所，两者的合作应当是强调优势互补，实现资源的共享。但是当前高等师范院校与幼儿园之间还是一种院校与"教育实践基地"的关系，合作双方还没有上升到互惠互利，拥有共同发展意愿的关系。还存在有高等师范院校是作为"引领者"的角度，强化了高等师范院校在合作中的主要地位，导致合作双方地位不平等，基地园只是为了完成"任务"而接受教育实习，对于实习生到园实习也没有做明确的安排，甚至还会因为园内师资短缺，让实习生去顶岗实习，这样的合作形式既不利于实习生成长，也容易出现安全隐患。

以下是对某幼儿园园长的访谈：

L：贵园是如何安排高等师范院校学前教育专业教育实习的呢？

S园长：一般都是高等师范院校主动来联系幼儿园，然后通知实习的时间和人数，当实习生到园之后，就按照人数比例分配到各个班级中去。

2. 教育实习目标不明确，合作开展缺乏针对性

教育实习目标可以使实习生在进行教育实习任务时有更清楚的目的与方向，也是在具体实施教育实习中重要的一步。从调查结果可以看出，大部分高等师范院校都会对学前教育专业教育实习生制定教育学期目标，但是却很少会为实习生制定教育实习月目标和周目标。在对基地园调查中可以发现，有25.71%的基地园会为实习生制定周目标；有22.86%的基地园会为实习生制定月目标；有32.86%的基地园会为实习生制定学期目标；有18.57%的基地园根本不会为实习生制定实习目标。

在对高等师范院校学前教育专业本科生进行访谈时，有95%的实习生感到"迷茫"，有实习生谈道：我们到幼儿园进行实习，很多时候都不知道自己应该在哪个阶段该做什么，学校会给我们布置整个实习期的任务，但是大家依旧比较迷茫，很多时候都是到了幼儿园进班之后，班级的指导老师让我们去做什么我们就去做什么，实习结束后，很多人都不知道自己到底收获了什么。实习生没有明确的实习目标，造成的结果就是只能被动地去做指导教师安排的任务，没有明确的目标自己去学习，去探索问题。还有的实习生提到自己不知道如何将在校学习的理论知识与实践有效地结合起来，归根原因都是因为没有明确的实习目标，没有有效的思考过程。而大多数的高等师范院校仅仅认为教育实习的目标制定只是为了检验实习生在学校所学的知识与技能，而忽视了教育实习对于实习生来说，是可以让他们充分感到有成长价值所在的。由此可以看出，高等师范院校没有对实习生提出分阶段的明确目标，基地园也没有根据园所自身情况为实习生制定明确的实习目标，导致实习生实习目的不明确，在实习中无所适从，从而影响实习的最终效果。

3. 教育实习内容比较笼统，合作无深度融合

首先，教育实习之前的强化训练是为了让实习生可以提前将所学的理论知识转化到实践经验中，为到一线幼儿园之后能更快地适应实际教学生活打下基础。通过调查发现，在高等师范院校学前教育专业中，训练实习生撰写教学设计、进行校内试讲、开展微格教学活动是最常见的强化训练方式。这些都是实习生在课堂教学方面所进行的一个综合训练，实习生在进行教育实习活动之前，先学写教学设计，再通过试讲和微格教学进行情景模拟化的课堂教学训练，实习生可以在指导教师的指导下，与其他实习生相互进行点评，促进其课堂教学能力的提高。但是对于提前让实习生了解基地园的园所和教师教学情

况、怎样解读教材撰写教学设计、怎样有效组织课堂教学、怎样观摩课堂教学和观摩优秀幼儿教师的公开课、怎样反思课堂教学、提前到基地园进行试讲等多样化的训练内容是比较少的。

实习生进行模拟教学始终缺乏实践的情境性，使得他们缺乏真实而丰富的现场体验，因为幼儿教师在实际教学中面临的是 3~6 岁的幼儿，他们具有活泼好动、好奇心强、善于模仿等特点，因此在对幼儿进行教学时，更具有复杂性。有实习生谈道：刚到幼儿园班级中，实习指导老师让我上一节音乐活动课，这堂课是我在学校早已经试讲过的课，本来自己信心满满上课，但是没想到在课堂教学过程中有的幼儿一会儿就离开自己的座位找其他幼儿，有的幼儿没有跟着学习歌曲，还不停地跟旁边的幼儿说话，当然，这节课上完效果特别不好，"我"也感到非常的失落。由此可见，对实习生教育实习之前进行多样化的强化训练指导是非常有必要的。并且通过对基地园指导教师的调查，发现他们并没有参与到实习生教育实习之前的强化训练活动中，可见基地园对于实习生在教育实习之前的培养是脱节的。

其次，通过调查，发现高等师范院校和基地园都安排了学前教育专业教育实习生实习内容，并且无论是高等师范院校实习指导教师还是基地园指导教师，都对以下三类实习内容特别关注：观察了解儿童、一日活动的开展和班级环境创设。而对于日常保育活动的组织与实施要求的关注是比较少的。《幼儿园工作规程》指出，幼儿园教育应当贯彻国家的教育方针，坚持保育与教育相结合的原则，对幼儿实施体、智、德、美诸方面发展的教育，促进其身心和谐发展①。卓越教师培养计划中也提出要培养保教能力突出的幼儿教师，这说明教育因素的参与让幼儿心理、生理都能得到健康发展，让幼儿可以在轻松、愉快的环境之中受到全面教育。除了保育活动以外，在教育实习期间，要求学生用正确的方式与家长进行简单的口头交流是占比最少的。幼儿教师除了在园与幼儿进行交流以外，还需要密切地与家长进行沟通交流，促进家园合作，为幼儿身心健康发展创造良好的条件。在访谈中，某幼儿园园长谈道："我们"有很多新入职的教师，教学工作开展得还是比较好的，但是通过观察发现，她们与家长沟通交流特别少，通过与她们交谈，发现她们不知道应该如何与家长进行正确的沟通，甚至有的老师会特别害怕与家长进行交流，有的老师得需要至少一学期的时间才能尝试主动与家长进行交流。由此可见，幼儿园的教学工作是具有复杂性、特殊性与多样性的，所以在实习生进行教育实习时，应该要

---

① 教育部. 幼儿园工作规程 2016 版 [M]. 北京：首都师范大学出版社. 2016.

求实习生要有丰富、全面的实习内容。

最后，在一线实际教学活动中进行课堂教学是提升实习生教学能力的重要途径。调查发现，有17.62%的基地园实习指导教师指出实习生在教育实习期间一共会进行5次以下的课堂教学；有72.86%的基地园实习指导教师指出实习生一共会进行5~10次的课堂教学；有8.10%的基地园实习指导教师指出实习生一共会进行11~15次的课堂教学；只有1.43%的基地园实习指导教师指出实习生一共会进行15次以上的课堂教学。实习生难以在这么少的讲课次数中获得真正的教学经验。在对高等师范院校学前教育专业实习生进行访谈时，有85%的实习生提到"机会少"和"不敢讲课"，有实习生谈道："我"到幼儿园参与教育实习活动，其实很想去尝试课堂教学，但是我会怕教学活动开展得不好，班级老师还得重新上一次，她们本身工作就特别繁忙，所以说给"我"上课的机会也不多，"我"也不敢主动要求。由此可见，在高等师范院校实习内容要求中并没有对实习生的课堂教学次数进行规定，导致实习生在教育实习活动期间能够进行课堂教学的机会少，从而影响了教育实习的质量。

（三）教育实习指导教师队伍建设不完善，缺乏高效指导

教育实习指导教师是影响实习效果的关键因素，高等师范院校学前教育专业本科生在进行教育实习时都会有两名教师进行指导，一名是高等师范院校实习指导教师，另一名是基地园实习指导教师。

1. 高等师范院校教育实习指导教师无深入指导

调查发现，高等师范院校教育实习的指导教师学历比较高，大部分教师都具有学前教育专业的学习背景、教学经验也是比较丰富的。但是从前面调查的数据可以看出，有55.55%的实习指导教师会同时指导11~20名实习生；有11.11%的实习指导教师同时指导5~10名实习生；有20%的指导教师同时要指导21~30名实习生；还有13.33%的实习指导教师同时指导31名及以上实习生。从管理基地园来看，有80%的指导教师要同时管理2~3所基地园；只有20%的指导教师管理1所基地园。实习指导教师更加关注的是实习生在纪律和安全方面的问题，较少关注其教学与生活方面。通过对高等师范院校学前教育专业实习生进行走访，发现很多高等师范院校教育实习教师都不被称为"指导教师"，更多的是被称为"带队教师"，教师的责任更多地体现在将实习生组织带领到基地园，定期关注学生的安全和纪律问题，但是对于实习生在教学中产生的问题是很难解决的。并且一名实习指导教师不仅要指导很多实习生，还要管理几所基地园的实习生，除此之外此期间还要完成学校的教学、科研、

管理等工作，这对于高师指导教师来说有些力不从心，所以导致了很多实习生感到在实习期间和自己最"亲"的是基地园指导教师。

2. 基地园教育实习指导教师水平参差不齐

基地园实习指导教师是实习生在整个教育实习活动期间接触时间最长的人，也是对其教育实习效果影响最大的人。通过前面调查，发现基地园实习指导教师从学历来看，51.43%的教师都拥有本科学历，10%的教师拥有硕士学历，38.57%的教师是专科学历；从专业背景来看，超过八成的教师是经过师范教育专业训练了的，拥有一定的教学技能，还有一成的教师没有经过师范教育专业训练；从年龄和教龄来看，基地园实习指导教师基本以年轻教师为主，教学经验不是特别丰富。可以看出，基地园实习指导教师的专业素养参差不齐。在教育实习期间，如果基地园实习指导教师本身素质能力不高的话，其错误的教育观念和行为会对实习生产生不良的影响。有一名实习生在接受访谈时谈道："我"以为教师应当全面的关注每位幼儿的行为，但是"我"在实习期间看到的并不是这样的。"我"实习的班级是小班，有一天中午小朋友在吃午餐的时候，有一位小朋友不小心把碗打翻在地，结果指导教师就直接过去责怪那个小朋友，"我"感到很失望，因为她不应该直接去评判小朋友，而是应该告诉他正确的处理办法，所以"我"感到很失望。指导教师错误的教育观念不仅会影响到实习效果，还会影响到实习生的职业认知。还有的实习生提出指导教师在其课堂教学中随意打断教学进行指导，这样不仅会挫伤实习生的积极性，也不能让实习生进行有效的自我反思。基地园实习指导教师的自身素养、指导方法等都会对实习生产生非常大的影响。而对于基地园实习指导教师的选择，90%的园长在访谈时都谈到并没有对实习指导教师进行选拔，实习生都是按照人数比例分配到各个班级中，由班级主班教师带领实习生。在对基地园实习指导教师带领实习生人数的调查中我们发现，只有24.29%的指导教师一次带领一名实习生；有48.57%的指导教师一次会同时带领两名实习生；有17.14%的实习指导教师一次会带领三名实习生；还有10%的实习指导教师一次会带领四名及以上的实习生。由此可以看出，基地园实习指导教师一次带领实习生人数较多，其精力有限，对实习生的指导力度是无法保证的。

3. 教育实习指导合作形式化

高师学前教育专业实习生是高等师范院校实习指导教师和基地园实习指导教师共同的指导对象，因此，高等师范院校实习指导教师应当与基地园实习指导教师就实习生指导工作进行密切沟通，但是从前面调查中我们发现，35.71%的基地园实习指导教师与高师实习指导教师会进行1~3次的沟通；

15.71%的基地园实习指导教师与高师实习指导教师会进行 4~6 次的沟通；14.29%的基地园实习指导教师与高师实习指导教师会有 7 次及以上的沟通；34.29%的基地园实习指导教师与高师实习指导教师根本无任何沟通。可以看出，基地园实习指导教师不能及时向高等师范院校教师反映实习生在园实习情况，高等师范院校实习指导教师就无法掌握实习生的实习进度。对基地园实习指导教师进行访谈我们得知，因为高等师范院校教育实习指导教师指导实习生人数较多，很难深入班级对每位实习生的情况进行了解，因此基地园实习指导教师也没有机会与高师指导教师进行沟通。所以，对于实习生的教育实习情况了解无法落到实处，就难以对实习生教育实习活动的开展进行有效指导。

（四）教育实习评价缺乏实效性

教育实习评价是指根据培养的目标和组织教育实习的目的、要求等，对学生的实践能力、实习过程和实习的效果进行考察，做出综合评价或者成绩证明。教育实习评价有利于实习生加深自我认识，找到自己的薄弱环节，以便在接下来的学习中查漏补缺，提高实习生的积极性，激励实习生在教育实习期间可以更有效地保证实习的质量。

从前面调查中可以发现，高等师范院校和基地园对于实习生的评价考核方式大部分都是终结性评价，而对于实习生过程性评价和考核课评价的方式使用较少。终结性评价是对教育实习最终达成的结果进行恰当的评价。从教育实习的形式可以看出，高等师范院校普遍采用集中实习的形式，对实习生进行集中分配和集中管理，所以对实习生的实习评价也仅仅靠实习生呈交的实习报告来判断。并且从与实习生的访谈我们得知，绝大多数实习成绩评价结果都是以等级或者分数呈现，不能客观地指出实习生存在的优点和缺点，上交的实习总结报告也没有任何成绩评价，这使得实习生很难得知自己在实习期间的具体表现，不利于实习生进行自我反思，也不能有效地检测到实习生的实习效果。

对实习成绩进行评定的人员的安排，高等师范院校 62.22%都是由指导教师进行评定；22.22%会让实习生进行自评；11.11%会由实习领导小组进行评定；4.44%会让多方参与评定。在基地园中，同样也是大部分由实习指导教师评定，少数会由幼儿家长、学生自己或几种方式共同来进行评定。由此可见，对实习生教育实习成绩进行评定的人员具有单一性，多采用外部评价，忽略了实习生的自我评价，虽然实习生也会撰写实习总结报告，但是大多也都是流于形式。

（五）教育实习保障落实不到位

教育实习基地园是开展实习活动的重要场所，基地园质量就成了影响实习效果的重要因素。从前面的数据可以看出，高等师范院校选择的基地园大多是公立园、示范园和在中心城市的园所，这可以反映出这三类园所的教师资源是较丰富的，也是比较重视教育实习活动的。但是通过对高等师范院校教师的访谈我们得知，优秀实习基地园的选择要满足高等师范院校所有的教育实习是比较困难的，因为现在公办园或者示范园都是供不应求的状态，而现在高等师范院校的学前教育本科生人数还是比较多的，所以在这样的背景下，只能选择一些私立园或者非示范园作为基地园。随着社会经济不断发展，生活中的所有支付费用都在不断上涨，使得教育实习的各项费用也在提高，比如交通费、住宿费等，从前面调查我们可以看出，有大部分的高等师范院校并未给实习生提供交通、生活等补助费用。所以当有的实习生被分配到比较远或者条件不太好的基地园时，会大大影响他们的实习积极性。再者，高等师范院校建设优秀实习基地也是需要大量经费的，从调查中我们可以发现，大部分高师实习指导教师有一定金额的实习指导经费，而基地园大部分教师是没有的，这也会在一定程度上影响基地园实习指导教师对教育实习指导的积极性。如果高等师范院校教育实习经费不能保障实习生顺利地参加实习，一定会影响其实习教学效果。因此，高等师范院校应当根据自身实际条件和教育实习的实际需求加大经费投入的力度。这不仅可以帮助高等师范院校与基地园建立长期的合作关系，还可以帮助实习生提升在教育实习中的实践能力。

（六）实习生对教育实习缺乏足够的认识

根据前面的调查数据我们可以看出，高师实习指导教师与基地园实习指导教师对于实习效果的评价都不是特别满意，特别是实习目标达成、实习生教学能力、一日生活组织能力与教育教学研究能力四个方面的实习效果不是特别好。高师实习指导教师指出，很多实习生都是在实习期间边实习边撰写毕业论文，但是最后通过对毕业论文的批阅，发现大部分同学选题依旧偏理论化，采用的研究方面也大多都是文献法。可以看出实习生在实习活动中收获并不大，都没能在实践教学中发现问题。追究其原因我们发现，学生作为教育实习的主体，除了外部因素影响实习质量以外，实习生自身也是影响实习效果的重要因素。通过对基地园教育实习指导教师的调查我们发现，有接近四成的基地园实习指导教师都认为实习生对待实习的态度不是特别好，实习生对于教育实习的重视程度也不够高。在对高等师范院校学前教育专业 20 名本科生进行访谈时发现，其中提到的"实习太辛苦，没时间休息""以后可能不会从事幼儿教师职业"和"实习就是完成学校的任务"的频率分别达到了 70%、65% 和 35%。由此可见，学生对教育实习为自身专业发展带来的价值是缺乏足够认识的，因此学生在教育实习过程中积极性不高，极大地影响了教育实习的效果。有基地园实习指导教师谈道：有的实习生每天一到幼儿园就只是敷衍地帮助老师做事，教师上课的时候也几乎没看到她们做笔记、写观察记录，遇到问题的时候从来不会主动寻求老师的帮助，非常消极地对待实习工作，最后实习结束了，也没看到有什么进步。

"卓越教师培养计划"中提出要培养热爱学前教育事业的卓越幼儿教师，因此，加深对学前教育专业学生的教师职业认同感和良好的师德素养的培养是非常有必要的，而教育实习是培养学生职业认同、对幼儿的态度与行为、幼儿保教能力的重要途径与手段，如果学生在进行教育实习过程中，没有形成良好的学习态度与专业素质，那么就会对未来的就职产生影响。由此可见，师范生应当树立对教育实习的正确认识、良好的职业信念和职业理想，才能快速进入幼儿教师的角色，有利于促进自身的专业发展。

第五章　影响幼儿教师培养的原因分析

一、影响高等师范院校学前教育专业课程设置的原因分析

由于卓越幼儿教师培养处于实践的起步探索阶段，高等师范院校学前教育专业课程设置存在的问题与不足是意料之中和必然存在的。根据上述问题描述可知，当前高等师范院校学前教育专业课程设置的矛盾主要集中在目标定位学术型与应用型的权衡、理论课与实践课之争、专业技能与专业理念之择、有限时间与无限知识间的权衡等方面。

（一）目标定位研究型与应用型的权衡

培养目标的定位取向是课程建设与改革的核心问题。当前，大多数高等师范院校学前教育专业对人才培养目标的描述都集中于培养幼儿园专任教师、行政管理人员、教育研究人员及相关服务机构的儿童工作者。以学术取向为主的研究型与以职业取向为主的应用型目标定位已成为当前高等师范院校制定、调整学前教育专业人才培养目标的主要选择。然而，学前教育专业既具有师范性专业的"人文性、示范性"价值取向，又具有其学前教育学科自身的特殊性。《幼儿教师专业标准（试行）》不仅是国家对合格幼儿教师专业素养的基本要求，而且明确了幼儿教师的工作职责，即对幼儿实施保育和教育职责的专业人员。在具体内容要求方面，既将专业理念与师德、专业知识和专业能力作为幼儿教师必备的基本素质与条件，同时特别注重专业理念与师德，将其作为教师专业标准的灵魂与核心，既充分反映了教师职业所应具有的普遍性专业特点，同时也适应幼儿身心发展需求和幼儿园阶段教育的特殊性，充分体现了幼儿教

师素质的独特性①。《教师教育课程标准（试行）》提出教师教育课程的目标需要从"教书匠"的训练走向"教育家"的成长，彰显当代需要反思型教师实践家的专业属性②。随着社会经济发展对人才专业性要求不断提高的趋势下，当前对幼儿教师的专业性的要求也不断提升，学前教育专业学生的反思研究、自主学习、终身学习等专业精神也备受高等师范院校的关注。目标定位的研究型与应用型之争，使得高等师范院校人才培养方向摇摆不定。

（二）理论学习与实践学习之间的权衡

知识是专业的基础。根据教师育人特性和教师专业的特殊性，教师专业知识主要包括：学科专业知识、教育专业知识、实践性知识和普通文化知识③。培养卓越幼儿教师需要具备以上知识结构，其中学科专业知识指的是支撑幼儿园各领域教育的相关知识；教育专业知识是教师教学工作的条件性知识，主要解决教师怎么教的问题；实践性知识是指教师个体在教育教学实践情境中经过不断体验、感悟和领会、反思而总结出来的一整套实效性知识；普通文化知识是指有关人文科学、社会科学和自然科学等领域的知识。整体而言，幼儿教师知识是实践性和理论性兼而有之，并且实践性是幼儿教师知识的重要特征。

在高等师范院校学前教育专业人才培养过程中依旧存在重学术、轻应用，重理论、轻实践的倾向，忽视教师知识来源于教育教学实践活动，并在实践活动中推进而不断修正与生成，忽略实践学习过程及学生自身实践性知识的积累提升。理论学习与实践学习在课程设置中的比重也成为高等师范院校学前教育专业人才培养选择困境之一。

（三）专业技能与专业理念之择

所谓技能，是指通过练习能够获得的完成一定任务的动作系统。技能不同于知识，知识可以通过阅读或者语言的传授获得，而技能必须通过亲自操作并坚持练习，才能将动作固定下来。教育专业技能是教师完成教育活动所必备的动作系统，如清晰的语言表达、标准的板书等④。学前教育专业学生无法避免

① 教育部教师工作司. 幼儿教师专业标准（试行）解读［M］. 北京：北京师范大学出版社，2013.

② 柳国梁. 高职学前教育专业人才培养方案改革：基于《幼儿教师专业标准（试行）》和《教师教育专业标准（试行）》的视域［J］. 教育探索，2016（1）：5.

③ 李宝峰，谭贞. 教师专业发展导论［M］. 哈尔滨：黑龙江教育出版社，2009.

④ 张莅颖. 实用学前教育技能［M］. 北京：北京师范大学出版社，2015.

专业技能的学习，《教师教育课程标准（试行）》提出幼儿园职前教师教育课程要设置语言技能、音乐技能、舞蹈技能、美术技能等课程，提高学前教育专业学生教育实践能力。

专业理念是专业人员对自身专业的性质、标准、价值等的理解、判断、期待与认同，指引着专业人员的思考方式和行为举止①。幼儿教师的专业理念是专业发展的关键，影响开展幼儿园保教活动的效果及幼儿教师自身专业发展方向。专业技能的"实用性"和专业理念的"观念性"构成了高等师范院校学前教育专业课程设置中的又一基本矛盾。

（四）有限时间与无限知识间的权衡

时间与知识的特定本质要求是许多研究领域的挑战②。培养卓越幼儿教师所提出的新要求也是对课程设置提出的新挑战，单就学前教育专业学生而言，在校接受教育的时间是有限的，而代表国家社会需求的卓越幼儿教师培养的教育内容是无限的，特别是当前信息快速发展时代，教育内容的无限与教育时间的有限对立是尖锐的。现今许多高校进行教育改革，将课程结构和内容进行模块化整合，其本质也是在解决这一矛盾。

二、影响高等师范院校学前教育专业教师教育课程设置的原因分析

（一）各高等师范院校对教师教育课程与专业课程划分把握不准

《教师教育课程标准（试行）》对学前教育专业的课程设置上，划分了六个学习领域，分别是儿童发展与学习、幼儿教育基础、幼儿活动与指导、幼儿园与家庭、社会和职业道德与专业发展、教育实践。《本科专业类教学质量国家标准（上）》认为学前教育专业课程框架由理论课程和实践课程组成，其中理论课程包括通识教育课程、专业基础课程、专业方向课程，专业基础课程主要包括了教育学原理、教育研究方法、中外教育史等，专业方向课程包括了

---

① 易凌云. 幼儿教师专业理念与师德的定义、内容与生成 [J]. 学前教育研究，2012（9）：3-11.

② 张春玲. 全科背景下"卓越小学教师"职前培养课程设置比较研究 [D]. 四平：吉林师范大学，2017.

学前教育学、儿童发展科学、各领域学科教学与研究等课程。这两种课程的划分，就导致教师教育课程与专业课程之间是有许多重合，比如在教师教育课程模块开设了学科教学和实践教学，在专业课程模块也会有各领域教学和专业见习和实践，这种课程重复，浪费时间和资源，需要高度整合性。各高等师范院校在设置课程时也会比较混淆，把教师教育课程模块中的课程混到专业课程模块中去，同一门课程有的学校设在教师教育课程模块中，有的学校设在专业课程模块中，不利于学校课程的统一整合，同时也加大了高等师范院校改革的难度。

（二）各高等师范院校对教师教育课程的认识不统一

《教师教育课程标准（试行）》于2011年发布实施，《幼儿教师专业标准（试行）》于2012年发布实施，也就是先有了教师教育课程标准，再有教师专业标准，但很多高等师范院校在进行课程设置时，仍然把教师教育课程放在专业课程大类里面。2018年最新发布的《本科专业类教学质量标准（试行）》也把学前教育专业的课程结构分为通识教育课程、专业基础课程、专业方向课程、实践课程，完全没有提到教师教育课程。再加上学前教育专业课程标准与教师教育课程标准之间的相似性，导致高等师范院校在进行课程设置时，有很大的差异。这个标准都是教育部出台的具有很大权威性的教育文件，却相互冲突，给具体的落实工作带来很大的不便。因为高等师范院校在进行课程设置时会因认识的不同而采取不同的方案，带有很大的不确定性和不统一性。但由于对教师教育课程标准的理解不一样，在每个目标领域设置的课程也不一样，重视程度也不一样。教师教育课程标准总体上分为六个目标领域：儿童发展与学习、幼儿教育基础、幼儿活动与指导、幼儿园与家庭、社会和职业道德与专业发展、教育实践。教师教育课程标准只规定了总学分不得低于32个学分，每个领域都必须开设，却没有对具体的课程模块进行规定，所以每个高等师范院校对教师教育课程标准的认识理解不同，导致开设的课程也不一样。

（三）各高等师范院校教师教育课程对国家新的教育精神贯彻不到位

高师学前教育专业培养目标存在的缺乏"育人性"，教师教育课程存在的缺乏对儿童和教师的关注、缺乏心理健康与道德教育课程、缺乏教师职业道德与教育政策法规类课程、实践类课程比较薄弱等问题，都是由于各高等师范院校对最新教育动态贯彻的滞后。2011年教育部发布《教师教育课程标准（试行）》提出职前教育必须设置教师教育课程，学前教育专业应该按照儿童发展与学习、幼儿教育基础、幼儿活动与指导、幼儿园与家庭、社会和职业道德与专业发展、教育实践进行教师教育课程设置。2014年《教育部关于实施卓越教师培养计划的意见》提出单独设立教师教育课程模块，培养一大批师德高尚、专业基础扎实、教育教学能力突出和自我发展能力突出的高素质专业化中小学、幼儿教师。2018年《教育部关于实施卓越教师培养计划2.0的意见》再次强调单独设立教师教育课程模块，培养造就一批教育情怀深厚、专业基础知识扎实、勇于创新教学、善于综合育人和具有终身学习发展能力的高素质专业化创新型中小学、幼儿教师。2018年发布的《教育部师范类专业认证标准（试行）》中规定学前教育专业的师范生的毕业要求要践行师德、学会教学、学会育人以及学会发展。这些新的教育动态无不体现国家对教育提出的新方向，但是目前的人才培养方案中对新精神的贯彻还不够到位。

（四）各高等师范院校教育设施设备不齐全

实践课程实施效果不佳、教师教学方式单一、教师教育课程整体满意度不高，都与高等师范院校的教育设施设备不齐全有关系。在《普通高等学校师范类专业认证实施办法（暂行）》中规定了学前教育专业的支持条件有教学日常运行支出占生均拨款总额与学费收入之和的比例要大于等于13%，生均教学日常运行支出要大于等于学校平均水平，生均教育类纸质图书要达到每6个实习生配备幼儿园教材大于等于1套，微格教学、语言技能、数学技能、实验教学、艺术教育实训室等教学设备必须要配备，这些规定是国家对所有高等师范院校的基本要求，但是仍然还是有许多高等师范院校并没有达到国家规定要求。比如学校图书馆的学前教育专业图书资料更新不及时，种类不够丰富，数量品类也不齐全。这是许多高等师范院校应该解决的一个重要问题。微格教学、语言技能、实验教学等实训室，许多高等师范院校都有配备，但是并不能满足学生的需求。

（五）教师与学生的终身学习与专业发展意识比较薄弱

调查中我们发现，教师在教师教育课程中，对实践课程的执行力是比较弱的，很多培养方案规定教师教育课程中的实践学时，是没有按照规定完成的。还发现教师的教学方式比较单一，信息化教学非常缺乏，说明教师的教育观念是比较落后的，同时还表现出了信息技术能力也较弱。最重要的一点是，学前教育专业教师是对学前教育专业的师范生进行授课的，但是自身对一线教育现状的了解程度不够，肯定会影响学生的学习效果，这是现在高等师范院校的一个普遍现象。然而面对这些问题，不管是学校层面还是教师自身都没有积极地面对。学生作为教师教育课程的被作用者，首先对教师教育课程的整体满意度并不高，其次对"教育实践与体验"学习领域的掌握程度也不够理想，最后，学生对成为卓越教师的努力程度也不够高。从这些方面可以看出，学生的终身学习与专业发展意识其实也是薄弱的。而国家各项文件精神都注重教师和学生的终身学习与专业发展能力，其中在《幼儿教师专业标准（试行）》中明确表示要注重自身专业发展，在《普通高等学校师范类专业认证实施办法（暂行）》中也对高等师范院校的毕业生应该达到的毕业要求做出了说明，明确表示师范毕业生要能够学会发展，自主学习，具有终身学习与专业发展意识。所以终身学习与专业发展意识不管是对准师范生还是对教师来说都是特别重要的素质，如果缺乏这些重要素质在实际教学中就会出现一系列问题。

第六章　卓越幼儿教师培养计划解读

一、项目背景

为了提高教育教学质量，培养人民满意的好教师，教育部于 2010 年启动"卓越教师"培养计划，2014 年颁布了《关于实施卓越教师培养计划的意见》，2018 年再次颁布《关于实施卓越教师培养计划 2.0 的意见》，对卓越教师的培养目标要求、改革模式、培养机制、就业环节、教育改革创新、师资队伍建设作了相关说明。据此，各地方高校相继开展了关于卓越幼儿教师"校、政、园"三位一体协同培养模式探索实践，也取得了一些实践成果，如重庆文理学院从培养的目标、规格、时间、措施以及主要实践的教学环节、结业与证书颁发等方面构建了卓越幼儿教师培养体系。从部属高等师范院校到地方本科院校都对卓越幼儿教师人才培养做了大量的改革和尝试，从目标定位、相关课程体系、实践教学环节、教师队伍建设等方面做出了大胆创新。

学前教育是整个教育体系的基础，直接关系着国民素质的提高和国民教育的质量。幼儿教师是履行学前教育工作职责的专业人员，幼儿教师质量的高低关系着学前儿童的全面发展、学前教育事业的发展。因此，适应学前教育改革发展要求，构建厚基础、强能力、重融合的培养体系，培养一批热爱学前教育事业、综合素质全面、保教能力突出的卓越幼儿教师成为亟须解决的核心问题。

对卓越幼儿教师培养模式的探索能进一步拓宽学前教育及教师教育研究体系；丰富与完善教师教育理论；对提高我国学前教育教师培养的质量，对于各级教育行政主管机构制定教师教育及培训相关政策和制度提供建议。

由卢清教授领衔，西华师范大学学前与初等教育学院于 2016 年成功申报并获批四川省教育厅卓越教师教育培养计划"西部农村卓越学前教师培养的理论研究与实践"，项目编号 zyjs1602。本项目旨在探索本科院校卓越幼儿教师培养的创新模式；进一步完善和丰富高校与地方政府、研究机构、幼儿园"四位一体"的创新协同培养机制；推进高校教学深化与改革的创新人才培养实践进程。对于我国幼儿教师培养模式的改革，乃至整个高等教育培养模式的改革都具有一定的指导价值。

（1）科学构建政府、学校、研究机构、幼儿园四位一体的人才协调培养机制，形成更为科学的"综合+特长"全科型幼儿教师培养模式；

（2）全面改革课程内容，提升课堂教学质量，促进专业与行业对接，形成一套完整的学前教育专业卓越人才教师教育课程体系；

（3）完成"双师"结构教师队伍的培养方案和评定标准的制定。

通过对项目完成后的总结，可在其他本科院校师范专业人才培养中起到示范作用，加大卓越教师计划实施面，也可进一步向其他高等师范院校学前教育专业的人才培养进行推广实施。

二、项目理念和目标

卓越幼儿教师培养计划理念旨在追求教育公平、优质教育资源共享的理念，同时突出培养计划在教师的日常教学与学生课外学习中实施，促进高校教师加强课堂教学改革，向40分钟要质量，把高校的每一节课打造成"金课"，做到高阶性、创新性、自主性和挑战度、成功度、支持度的完美结合，实现向小课堂要高质量的转变，实现教师和学生共同成长的目标。

卓越幼儿教师培养计划培养目标：培养热爱幼儿教育事业，能适应幼儿教育改革与发展的需要，关爱幼儿，热爱学前教育事业、有良好的师德、宽厚的社会科学和自然科学知识、扎实的学前教育专业知识，过硬的专业能力、一定的教育科学研究的意识和能力，综合素质高，立足幼儿教育事业，能在托幼机构从事保教工作的本科层次卓越幼儿教师。在培养过程中始终突出自然科学和社会科学并重的全科型知识体系；坚持自主学习和"保教研综合发展"的特色目标。

三、项目四位一体的协同机制

构建"UGRK联动融合"培养模式：创建卓越幼儿教师培养的新模式"URK"，"U"指 University、"G"指 Government、"R"指 Research institution、

"K"指 Kindergarten，大学、政府、科研机构、幼儿园"四位一体"联动融合，携手培养卓越幼儿教师。作为历史悠久、教师教育经验丰富的高等师范院校，我校将主动协调、引领地方职能部门、科研机构和幼儿园，各司其职、各负其责，共同打造优质、高效、全面的卓越幼儿教师培养培训共同体，形成分工明确、权责明晰的四位一体协同培养机制。

（一）高校职责

我校将根据党和国家对幼儿教育事业的改革发展要求，充分利用我校高素质人才培养的丰富经验，积极探索地方政府对于幼儿教育发展在人才数量和质量方面的具体需求；深入了解幼儿园在人才使用过程中关于学前教育专业学生优势与不足的反馈信息，精心制定培养方案和教学计划，全面建设优秀教学团队，优化配置教育资源，科学实施培养计划。

（二）地方职能部门职责

地方在我校的协调下，经过广泛深入的调查研究，准确把握本地区学前教育发展的现状与趋势。对本区域学前教育事业在近、中、长期不同阶段的人才数量需求与质量规格做出科学全面的预测和规划，经一定程序上报核准后，作为我校制定卓越幼儿教师教育专业招生计划的重要依据。同时，地方全程参与到卓越幼儿教师的培养过程中，并在教育见习与教育实习基地建设中发挥领导作用。

（三）科研机构职责

地方科研机构和学校附属科研机构，可在高校学前教师培养单位的协调下参与到学生专业研究能力培养与提升的过程中，以微型课题申报与参与的方式积极调动学生，培养学生将教学与研究进行统整的能力，同时为学生毕业论文的选题和撰写提供有力保障。

（四）幼儿园职责

各地幼儿园在地方职能部门的协调下，根据本园不同时期的发展需求，上报本园幼儿教师的数量指标，作为地方政府决策的基本依据；同时，幼儿园要积极利用我校的智力支持和优质资源，将自身建设成为学前教育专业学生进行教育见习和教育实习的优质基地，鼓励其骨干教师以学术报告、座谈交流、课程参与等形式，全程参与卓越幼儿教师培养。

四、项目实施路径

本项目依据《教师教育课程标准》《幼儿教师专业标准》以及各学科教学特点和当前学前教育人才培养目标，突出自然科学和社会科学并重的全科型人才培养，实现养、训、研一体化，以自主学习为特色，促进教师和学生共同成长。

实施过程全开放，编制问题清单，问题清单下发给所有的任课教师和学前专业学生，任务是各任课教师在日常教学中可以贯彻执行并督促学生完成的，分阶段、有层次、递进式的进行。

学生在完成基本学习任务的情况下，可根据自己的学习兴趣和学习能力，选择不同的问题清单，确定自己的学习小组或参加的课外社团，学习小组和社团都有专业教师做指导。

任课教师必须结合问题清单改进课堂教学，拓展学生的课外学习内容，使学生能完成基本的学习任务，有兴趣和能力的学生可以通过课外学习的方式提升自我，每学期两次进行学习汇报。（见表6-1）

（一）第一阶段：专业认同和人文、科学素养提升

第一学年学科教学与课外阅读相结合，邀请幼儿园园长、一线幼教名师和高校学前专业高职称教师对大学生定期开展专业意识提升讲座，学前专业教师带队大学生见习，与幼儿园建立规范有效的见习机制，共同携手提升学前专业大学生的专业意识，深化学生的专业认同感。同时，通过通识课程和课外阅读，全面均衡地扩充学生的知识结构与能力，培养学生掌握一定的自然科学知识和人文社会科学知识，增强人文艺术修养。

（二）第二阶段：专业知识、专业能力、研究意识提升

第二年开设教师综合素养类课程及幼儿园五大领域课程，开展专业知识（占课程体系的三分之二）和专业技能（占课程体系的三分之一）的培养。通过专业课程（学前儿童发展科学、学前教育原理、学前儿童卫生与保健等）学习，加深对幼儿身心状况的了解，掌握幼儿园保教的专业知识；通过专业技能（幼儿园活动设计、手工、环境创设环、音乐、舞蹈、书法等技能）竞赛，培养学生的音乐、绘画、演讲、舞蹈、设计制作等专业技能；通过专业见习并定期邀请幼儿园园长和特级教师开展学前教育专题讲座，让学生了解学前教育的实际。

同时，学前专业任课教师、学前教育研究中心地方教科所等科研机构和幼儿园园长、骨干教师吸收一部分优秀本科生参与到教师课题研究，在参与中学习如何发现真问题，如何开展观察与访谈，如何进行问卷设计与实地测查等，这些将提升学生对研究方法运用的实际认识与理解能力，培养其研究意识。

（三）第三阶段：专业教学设计与实施能力提升

第三学年学期开展专业实习。根据卓越幼儿教师培养的新要求，优化实践教学体系和内容，建构一套有效的实践教学体系；与幼儿园密切联系与合作，建设高水平的实践教学综合基地，加强学生实践教学的模拟和训练；积极建设项目实验幼儿园，深入开展顶岗实习和置换培训工作。通过幼儿园带班实习和保育工作实习，增强学生的教学能力和组织、管理能力，以能够独立开展幼儿园教学工作。

（四）第四阶段：科学研究能力完善、提升

第四学年完成毕业论文。学生的毕业论文选题是在指导教师带队见习、实习中不断确定下来的，也是在大二、大三跟随高校专业教师、科研机构研究员等参与课题研究的过程中不断总结提炼出来的，亦可以是一部分幼儿园骨干教师、园长负责的课题中的子课题，这样既保障了学生毕业论文选题的现实性，同时也给毕业生撰写毕业论文提供了良好的调研平台。至此，真正实现大学、地方政府、科研机构、幼儿园四位一体的融合。

表6-1　卓越幼儿教师培养阶段任务表

时间	培训模块	培训内容	学时	备注
第一学期寒假	自主阅读	四大组报上的书单自主挑选借阅或购买阅读（第一学期尤其着重参阅理论组目录），主选3本	10	手写读书笔记及读书心得
		了解学前领域相关政策文件（理论组提供）	10	理解背诵重要知识点
		观看《盗火者：中国教育改革调查》视频		手写观后感
	基本技能	毛笔字50篇	5	每篇不少于15个字（米字格）
		钢笔字20篇	5	纸张格式按技能组要求
	社会实践	访谈幼儿园一线优秀教师，了解新时代教师素养要求	10	做好访谈记录及汇报材料，下学期交流

表6-1(续)

时间	培训模块	培训内容	学时	备注
第二学期	基本技能	三笔字基础训练（含笔顺笔画）	20	
		普通话基础训练	20	
		简笔画基础训练	20	
		音乐基础训练	12	
	卓越名师讲堂	我们需要什么样的幼儿教师	3	幼儿园一线教育名家
		学会如何学习	3	优秀毕业生、大学教授
	实践教学	教育认知学习（观察孩子、一日生活等）	3天	南充市名园、农村幼儿园
	主题活动	1. 开班典礼		
		2. 破冰之旅与人际沟通		
		3. 寒假社会调查交流汇报		
		4. 教育认知见习汇报		
		5. 纪录片、读书心得交流		
		6. 励志经典影视欣赏		手写观后感并交流
		7. 教育经典影视欣赏		手写观后感并交流
		8. 文体活动		
	自主阅读	四大组推荐书单选3本	20	手写读书笔记
	小计			

表6-1(续)

时间	培训模块	培训内容	学时	备注
第二学期暑假	理论拓展	社会调查研究方法与实践	12	
		教育统计与测量（含SPSS应用）	24	
	基本技能	三笔字应用训练（含板书设计）	16	
		普通话应用训练（辩论、朗诵、演讲、活动主持）	20	
		简笔画应用训练（教学简笔画）	16	
		音乐基础强化训练	12	
	卓越名师讲堂	如何做一名有人格魅力的教师	3	幼儿园一线名家
		教师职业道德与专业成长	3	
	主题活动	1. 励志经典影视欣赏		手写观后感并交流
		2. 教育经典影视欣赏		手写观后感并交流
		3. 读书心得交流		
		4. 文体活动		
	自主阅读	四大组推荐书目选3本		手写读书笔记
	社会实践	运用"社会调查研究方法与实践"专题所学知识，自选一个社会问题开展调查		手写调查报告
	小计			

表6-1(续)

时间	培训模块	培训内容	学时	备注
第三学期	基本技能	三笔字应用强化训练（板书设计）	12	结合专业进行
		简笔画应用强化训练（教学简笔画）	20	结合专业进行
		普通话应用强化训练（辩论、朗诵、演讲、活动主持）	20	
		应用文写作训练1	16	
		教师仪表仪态训练	12	
	卓越名师讲堂	《教师专业标准》解读	3	
		心理压力自我调适与管理	3	
	实践教学	教育认知见习（观察孩子、观摩课堂等）	3天	南充市名园、农村幼儿园
	主题活动	1. 暑假社会调查汇报		
		2. 教育认知见习汇报		
		3. 讲故事比赛		
		4. 读书心得交流		
		5. 励志经典影视欣赏		手写观后感并交流
		6. 教育经典影视欣赏		手写观后感并交流
		7. 文体活动		
		8. 预备班训练成果展		与第一次初选结合进行
	自主阅读	四大组推荐书目选3本	20	手写读书笔记
	小计			

表6-1(续)

时间	培训模块	培训内容	学时	备注
第三学期寒假	理论拓展	教育名著导读	12	
	基本技能	教育科研方法训练	20	
		应用文写作训练2	12	
		办公软件运用于文本处理训练	12	
		形体训练		
	卓越名师讲堂	卓越教师是如何炼成的	3	幼儿园一线教学名师
		教育理念变革与教师专业成长	3	
	主题活动	1. 励志经典影视欣赏		手写观后感并交流
		2. 教育经典影视欣赏		手写观后感并交流
		3. 教学简笔画比赛		
		4. 读书心得交流		
		5. 文体活动（儿童剧等）		
	自主阅读	四大组推荐书目选3本		手写读书笔记
	小计			

表6-1(续)

时间	培训模块	培训内容	学时	备注
第四学期	基本技能	现代教育技术应用训练	16	
		教学设计训练	12	
		说课训练	12	
		教育科研论文写作训练	20	
	卓越名师讲堂	国内外学前教育现状与发展趋势	3	
		人工智能背景下的教师专业发展	3	
	实践教学	教育认知学习（观摩课堂、观察环创等）	3天	南充市农村幼儿园、成都市名园（轮换）
	主题活动	1. 优秀教师教学视频观摩交流		学生自主开展
		2.《3~6岁儿童学习与发展指南》研读交流		
		3. 教育认知见习交流		
		4. 环创设计比赛		
		5. PPT制作比赛		
	特长训练	教育科研、教学简笔画、应用文写作、语言艺术、书法、音乐、美术、舞蹈、科学小实验创新等		每个学生至少选1项，原则上不超过2项，自主组建特长小组，自主择时、择地进行训练，每项特长每月训练不超过2次
	自主阅读	1. 推荐书自3本；2. 自选书目2本		手写读书笔记

表6-1(续)

时间	培训模块	培训内容	学时	备注
第五学期寒假	理论拓展	教育名家智慧	20	
	基本技能	班主任工作技能训练	12	
		团队工作技能训练	12	
	卓越名师讲堂	新时期优秀保育员的素养与成长路径	3	
	主题活动	1. 优秀保育员素养探讨交流		
		2. 学生自主课堂教学训练（微格教学）及视频观摩交流		
		3. 手工比赛		
		4. 读书心得交流		
	特长训练	教育科研、教学简笔画、应用文写作、语言艺术、书法、音乐、美术、舞蹈、科学小实验创新等		自主择时、择地进行训练，集训期间每项特长训练不少于2次
	自主阅读	1. 推荐书目3本；2. 自选书目2本		手写读书笔记
	小计			
第六学期　教育实习、顶岗实习　成都市名园、南充幼儿园，完成实习工作总结、教育反思报告及一则儿童观察记录				

表6-1(续)

时间	培训模块	培训内容	学时	备注
第六学期暑假	基本技能	心理辅导与沟通技能训练	24	
	卓越名师讲堂	幼儿心理问题与对策	3	
		优秀保育员工作艺术感悟	3	一线优秀保育工作者
	实践教学	教育认知学习（重点观摩一日保育生活）	3天	自行安排
	主题活动	1. 心理健康教育视频观摩交流		
		2. 学生自主课堂教学训练（微格教学）及视频观摩交流		
		3. 优秀教师教学视频观摩交流		学生自主开展
		4. 学生同课异构交流		
		5. 教育实习交流		
		6. 读书心得交流		
		7. 文体活动（早操创编）		
	特长训练	教育科研、教学简笔画、应用文写作、语言艺术、书法、音乐、美术、舞蹈、科学小实验创新等		自主择时、择地进行训练，集训期间每项特长训练不少于2次，教育科研特长组需完成课题开题准备
	自主阅读	1. 推荐书目3本；2. 自选书目2本		手写读书笔记
	小计			

表6-1(续)

时间	培训模块	培训内容	学时	备注
第七学期	理论拓展	教育类法律法规与典型案例分析	16	
		教育哲学专题	16	
	基本技能	面试技巧训练	16	
		考编辅导	16	
		教学反思技能训练	8	
	卓越名师讲堂	特殊儿童与教育策略	3	
	主题活动	1. 学术自主课堂教学训练（微格教学）及视频观摩交流		
		2. 优秀教师教学视频观摩交流		学生自主开展
		3. 幼儿园早操视频观摩交流		学生自主开展
		4. 课堂教学比赛		
		5. 读书心得交流		
		6. 汇报展演筹备		
	特长训练	教育科研、教学简笔画、应用文写作、语言艺术、书法、音乐、美术、舞蹈、科学小实验创新等		自主择时、择地进行训练，集训期间每项特长训练不少于4次，教育科研特长组需完成课题中期检查准备
	自主阅读	1. 推荐书目4本；2. 自选书目2本		手写读书笔记
	小计			
第八学期	主题活动	大学生就业创业专题活动		
		学习成果提炼、科研特长组课题结题报告		与结业考核结合进行
		结业汇报展演		与结业考核结合进行
	卓越名师讲堂	学前教师专业发展路在何方（就业与创业）		
	合计			

备注：相关"主题活动"的开展，既要充分发挥学生参与的自主性，又要充分发挥教师的指导作用。教师指导课时根据具体主题活动所需另行确定。

五、项目实施时间

项目从 2018 年寒假开始执行，发布第一阶段问题清单，任务具体，可量化、可检测。

2018 年 3 月第一周，发布第二阶段问题清单，2018 年 9 月第一周，发布第三阶段问题清单。每学期两次学习汇报对前阶段学习任务验收，找准学生的学习需求，聚焦学生发展，形成新的问题清单，加强针对性和时效性，学生可再次组建新的学习小组或社团。

2019 年 3 月第一周发布第四阶段问题清单，有针对性地安排专门的高校老师和一线老师指导（主要是结合课程和学生学习过程中的问题和需求，请高校和一线专家进校园，一是开展学术讲座，二是承担部分课程中的实践内容）。

2019 年 6 月发布第五阶段问题清单，经过筛选的卓越幼儿教师培养对象与幼儿教师师徒结对，实行"2+1"培养模式，任务清单主要结合试讲、实习及毕业论文，重点推优，总结 2017 级卓越幼儿教师阶段性成果。

2020 年，优秀学生进入低年级培优活动中。

其他各年级照此项目滚动执行。

六、项目组织管理

本项目由四川省 2016 年第二批卓越教师培养计划、西华师范大学教学改革项目、四川省 2018—2020 年高等教育人才培养质量和教学改革项目支持，由学校教务处直管，学前与初等教育学院党政分管，学前教育系执行，卢清为项目负责人，史丽君为基础理论组组长，曾彬为科研能力组组长，彭曦为教学能力组组长、刘蕾为专业技能组组长，项目联系人为 2017 级学前专业班主任杨川林，以及所担任学前专业课程的全体老师。

七、项目实施对象

项目实施对象为 2017 级、2018 级学前专业全体本科生。本计划既是开放的学习过程，也是自然淘汰的学习过程。有的学生可能在学习过程中完不成提高部分的学习任务，或者完成任务敷衍，通过专业老师的考核，会被自然淘汰。但是被淘汰的学生仍然可以接受问题清单参加学习，但是追踪辅导会逐渐减少。

八、项目考核方式

除了学校统一的课程考试之外，通过组成学习小组、各种社团，如读书分享会的读书笔记、读书心得；专业技能展示的手工作品、歌曲演奏、舞蹈表演等进行验收；还可以由专业老师推荐学生的优秀学习作品，通过 qq 和微信公众号进行推送。

在全球范围内，人们对于幼儿教师应该是怎样的要求较多，但对幼儿教师应该掌握的领域知识一直关注较少。对卓越幼儿教师的界定更是没有统一的标准。我们希望通过本项目对卓越幼儿教师的培养从"教什么""教谁""怎么教"三个方面进行梳理，加深学生的各学科领域知识，拓宽学生的人文和自然科学知识，基于"教什么""教谁"到"怎么教"，形成领域教育知识。从学科教学到整合教育，就是要将幼儿教师的领域知识的重要性与发展适宜性教育融合起来。本项目在具体的实施过程中，结合学前教育本科人才培养方案的课程设置，有针对性地为学生设计了学习任务清单，以突出"卓越"课程设置之特点。同时又对一部分有卓越项目的本科院校进行了学前教育专业课程设置和实践教学调查研究，为卓越幼儿教师的培养提供实践的和理论的借鉴、反思。

第七章 卓越幼儿教师培养过程

在学前教育专业人才培养方案之外，针对卓越幼儿教师培养项目，结合专业人才培养方案的课程教学，通过课外学习计划补充、拓展、完善课内学习之不足，特制定以下卓越幼儿教师培养实施计划。

一、卓越幼儿教师培养卓越班选拔方案

（一）选拔专家组成员

选拔专家成员由首席专家、专任教师以及辅导员组成。

（二）选拔对象

学前本科有意愿参加卓越幼儿教师培养计划的学生。

（三）评价方式与内容

采用基础训练+期末成绩+面试三个评价环节。
具体包括：
1. 前三学期成绩平均分的年级综合排名，占 20%。
2. 前三学期的卓越培养基础训练成绩，占 50%。
3. 面试成绩占 30%。
4. 在前三个学期中为卓培项目服务，积极参与的同学，在总分基础上加 1 分。

（四）录取方式

秉持强者更强，普通人通过足够的努力也可以变强的理念，坚持学生的多元化发展的路线，采取三段式录取方式。

1. 在总成绩前 30% 的学生中，择优录取前 10 名。

2. 在总成绩居中的 40% 的学生中，根据学生特长、发展潜力和个人意愿综合所有卓培教师的意见，择优录取 3 人。

3. 在总成绩排名最后的 30% 的学生中，根据学生特长、发展潜力和个人意愿综合所有卓培教师的意见，择优录取 2 人。

一共录取 15 人进入卓越幼儿教师培养 1+1 对口培养阶段。

（五）面试分组

面试分为基础素养、教学技能、艺术技能三个部分，所有同学分成三个组（即每个班为一组），三个组同时进行三场不同的面试，所有同学均需参加全部三场面试。面试时间根据不同面试内容具体而定。

（六）考核时间

考核时间为每年四月中旬的周末。卓培班考核成绩登记表见表 7-1。

表 7-1 卓培班考核成绩登记表

卓培班考核成绩登记表							
学号	姓名	期末平均成绩（20%）	卓越培养基础训练成绩（50%）	面试（30%）	附加分	总成绩	总成绩排名

二、卓越幼儿教师培养四维度培养方案

本培养计划由学前专业全体教师参与实施，将卓越人才培养分为四个发展方向，即基础理论培养、保教素养培养、艺术素养培养、科研素养培养四个维度。参与教师分成四个组，为学生研制培养方案并对学生进行专业指导。

（一）卓越幼儿教师培养基础理论组实施方案

优秀的幼儿教师需要具备扎实的理论功底。在大学四年中学前教育专业学生需要掌握的基础理论知识除专业课程中开设的学前教育学、学前心理学等课程外，需要同学们自主增加阅读量，通过交流，讨论加深对理论知识的理解，学习运用理论知识指导实践工作。

1. 读书要求：选书（书目详见附件 1）

第一，在推选书目中任选。从不同的类型中选择阅读，尽量不重复。

第二，完成规定书目后可继续根据兴趣选择继续阅读。

2. 任务量

第一，学期中 1 本，寒假 1 本，暑假 2 本。

第二，电子绘本 1 本。

第三，教学电影或纪录片 1 部。

3. 作业要求

第一，图书精读，并撰写读书笔记。读书笔记要求见附件 2。

第二，电影或纪录片撰写观后感。

4. 阅读中的思考

（1）学前教育应该是什么样的？

（2）幼儿教师应该是什么样的？

（3）学前儿童的心理发展是什么样的？

（4）期望自己成为什么样的幼儿教师？

（5）游戏是什么？

（6）对于学前儿童而言游戏是什么？

（7）对我国当代学前教育的反思。

5. 交流与分享

（1）学期初：读书小组交流分享会，并上交寒暑假读书笔记与观后感。

（2）学期末：读书小组交流分享会，并上交本学期读书笔记。

6. 读书小组组建与指导安排（具体内容详见附件 3）

附件1

时间	序号	书名	作者	出版社	类别
第一学期及寒假	1	窗边的小豆豆	黑柳彻子	南海出版公司	名著
	2	爬上豆蔓看自己	高美霞	北师大出版社	
	3	一次看懂自然科学	刘炯朗	山西人民出版社	常识
	4	一次看懂社会科学	刘炯朗	山西人民出版社	
	5	我比你大，我五岁：学前儿童数学能力的发展	安·S.爱泼斯坦、苏珊娜·盖斯莉	教育科学出版社	领域教学
	6	孩子，挑战	鲁道夫·德雷克斯	生活·读书·新知三联书店	心理学
	7	电子绘本			
	8	幼儿园	张以庆		绘本
	9	放牛班的春天	Christophe Barra-tier		教学电影
第二学期及暑假	1	童年的秘密	玛丽亚·蒙台梭利	人民教育出版社	名著
	2	爱弥儿（精选本）	让-雅克·卢梭	上海人民教育出版社	
	3	陈鹤琴全集	陈鹤琴	江苏教育出版社	
	4	夏山学校	A·S·尼尔	新星出版社	
	5	爱的教育	埃·德·亚米契斯	商务印书馆	
	6	自由地学习	琳欧德菲尔德	中国青年出版社	
	7	儿童心理学	鲁道夫·谢弗	电子工业出版社	心理学
	8	发展心理学——从生命早期到青春期	戴安娜.帕帕拉	人民邮电出版社	
	9	生命：万物不可思议的连接方式	米莎·布莱斯	江苏凤凰美术出版社	常识
	10	去旅行		广西科学技术出版社	

时间	序号	书名	作者	出版社	类别
第二学期及暑假	11	奇迹幼儿园	赵惠庆	新世界出版社	外国幼儿教育
	12	通往儿童游戏之路：游戏从理论到实践	桑德拉.海德曼	南京师范大学出版社	游戏
	13	节奏与读谱训练教程	赵易山	中央音乐学院出版社	专业训练
	14	电子绘本			绘本
	15	再见了，我的幼儿园	水田伸生		教学电影
	16	我们的孩子足够坚强吗？	英国BBC		
第三学期及寒假	1	谁拿走了孩子的幸福	李跃儿	北京阳光秀美图书有限责任公司	名著
	2	多元智能理论与儿童的学习活动	维·亨利·费尔德曼	北京师范大学出版社	心理学
	3	身边的科学	小石新八	水利水电出版社	常识
	4	数学星球	卡莉娜·卢瓦尔	中国人口出版社	
	5	儿童的乐园；走进21世纪的美国学前教育	李生兰	南京师范大学出版社	外国幼儿教育
	6	奥尔夫音乐教育思想与实践	修海林	上海教育出版社	
	7	向瑞吉欧学什么：《儿童的一百种语言》解读	屠美如	科学教育出版社	
	8	3-6岁儿童学习与发展指南（解读）	冯晓霞等	北京师范大学出版社	文件
	9	学前儿童游戏	雷湘竹	华东师范大学出版社	游戏

时间	序号	书名	作者	出版社	类别
第三学期及寒假	10	柯达伊教学法Ⅱ	洛伊斯·乔克西	中央音乐学院出版社	领域教学
	11	达尔克罗兹音乐教育理论与实践（新版）	杨立梅，蔡觉民	上海教育出版社	
	12	幼儿园教学活动中的幼儿参与	原晋霞	南京师范大学出版社	
	13	电子绘本			绘本
	14	成长的秘密			教学电影
	15	00后			
第四学期及暑假	1	蒙台梭利教育全书	玛丽亚·蒙台梭利	吉林出版集团有限责任公司	名著
	2	斯宾塞的快乐教育	赫伯特·斯宾塞	海峡文艺出版社	
	3	电子绘本			绘本
	4	盗火者：中国教育改革调查			教学电影
	5	看上去很美	张元		

附件2

读书笔记格式

1. 标题《×××××》读书笔记。

2. 书名、作者、全书字数、出版社、出版时间等。

3. 内容简介，作者的生平，或者作者写这本书的特色。可参看目录、序言或简介等资料。

4. 记录方式可多样化

（1）用日记方式记录：读书的时间、抄录原文读书笔记。照抄书刊文献中与自己学习、研究有关的精彩语句、段落等作为日后应用的原始材料。点评、比较、分析等。

（2）表格式样：读完整本书后的总体梳理和局部标注。

（3）框架式样：将书从厚读薄，再从薄读厚。可反复阅读丰富完善框架内容。

附件 3

读书小组组建与指导安排

方案一

一、原则

教研室所有老师参与小组读书指导，按学期根据学生人数进行调整。每个小组指导教师实行学期轮换制，让学生可以感受不同老师的指导风格和学术见解。

二、分组制度

1. 每个学习小组学习人数为 10~15 人。

2. 学生根据意愿自由加入某一读书小组。

3. 每个读书小组配一名指导教师，负责组织分享活动以及作业的批阅。

4. 随着学期递进，若有学生中途退出，则下一学期根据师生数量重组读书小组。

方案二

一、原则

教研室所有老师参与小组读书指导，每位老师负责与自己所授课程相关或者自身感兴趣的读书小组。

二、分组制度

1. 学生根据自己所选择阅读书籍的内容进行分组，选择相似或者相同书籍的同学为一组。每组人数为 10~15 人。

2. 每个读书小组配一名指导教师，负责组织分享活动以及作业的批阅。

3. 教师指导的读书小组随课程的变化而变化。

（二）卓越幼儿教师培养保教素养组实施方案

作为一名幼儿教师，只有学前教育理论基础是行不通的，必须具备将理论融入具体教育活动，并且在实践中不断反思、完善教育理论及教育实践的能力。狭义地讲，幼儿园教学技能主要包括撰写教育活动计划，实施活动计划及活动后的评价反思三个环节。

保教素养培养计划阶段任务见表 7-2。

表 7-2　保教素养培养计划阶段任务表

学期	目标	任务	实施	考核	时间	备注
二学期	了解幼儿园一日活动安排	观察幼儿在园期间的活动环节安排；各环节老师的组织方式，过渡环节的处理等	一周见习观察	撰写见习报告及反思		教师提供统一教学视频
	了解教育活动大致流程	观摩七个优质视频教学活动	自主安排时间观摩七大学科教学活动	撰写活动的大致流程记录（导入、基本部分、结束部分）集中分享、讨论		
三学期	揣摩实地教学活动流程	观摩实地教学活动的具体环节、教师提问及教学方式等	见习观摩	听课记录及反思（附一）		要求见附件一
	了解幼儿园早操	了解幼儿园早操的不同形式，早操的开展环节	见习观摩	见习早操观察记录		
四学期	会撰写七大科目的教案	分析、修改、撰写教案	在他人教案的基础上修改撰写教案	撰写教案		微格试教评价标准见附件二、示范课评价标准见附件三听课、评课记录要求见附件一
	会实施教学活动	试教、试讲	微格教学、示范课、见习实地教学	微格试教、示范课效果		
	会反思、评价教学活动	撰写听课记录及教学活动评价	教学后的集中反思、评价，生成新的教学活动	听课、评课记录及反思		

表7-2(续)

学期	目标	任务	实施	考核	时间	备注
五学期	提高教学能力	继续完善教案撰写、活动实施、评课反思能力	书写教案、实施活动、评价活动见习中实地试教	教案、试教效果		试教评价指标见附件三
	掌握常见的教育方法	掌握蒙氏数学教具的使用方法 掌握奥尔夫音乐教育方法	实验室中蒙氏教具，奥尔夫音乐教具的操作演示	教具的操作演示效果		
	掌握区角活动的开展方式	掌握区角活动开展的方式、方法，分析和集体教学活动的关系	见习区角活动的观察、区角活动的实施	见习区角游戏观察、实施记录		
六学期	掌握各科目不同教学内容实施的方式、方法	根据不同科目的特点撰写教案、实地实施、评价反思	实习实地操作、实施	教案、实施效果、评价反思内容		
	同课异构	同一内容不同年龄段、不同领域的设计、实施、评价	实习实地操作、实施	教案、实施效果、评价反思内容		
	掌握几大课程教育模式	单元主题、瑞吉欧、高宽等课程模式的特点、组织形式等	读书、听讲座 设计完整系统的活动方案，实习活动的实施	读书、讲座笔记活动方案的制定及实施效果		

表7-2(续)

学期	目标	任务	实施	考核	时间	备注
七学期	提升教学效果	课件制作软件的操作	会根据要求进行音乐的处理等	实习汇报、教学比赛结果		评价标准见附件三
		教学比赛、实习汇报	实习汇报课、教学比赛			

（三）卓越幼儿教师培养科研素养组实施方案

卓越幼儿教师应具备较高的科研热情、扎实的科研理论知识和良好的科研能力。在大学四年的培养过程中，除了掌握专业课程中所开设的"教育科学研究方法"外，学生应阅读大量关于科研理论的书籍，在指导教师的带领下参与课题研究，利用寒暑假、见习实习和课余时间深入幼儿园进行实地调研，并能撰写调研报告和学术论文。通过"卓越幼儿教师科研训练计划"，提高自身综合素质，为今后进入幼教机构从事教学、管理或科研工作奠定坚实的基础。

卓越幼儿教师项目组所有老师参与科研组指导，每位教师负责与自己研究方向相关的科研小组。科研素养组在第二学期期末组建：学生根据感兴趣的研究方向自愿加入某一科研小组；每个科研小组人数为10人，可根据实际情况灵活调整；每个科研小组配一名指导教师，导师可实施学期轮换制；每个科研小组推选一名小组长，负责沟通联络事宜。教师指导学生科研过程中的文献查阅、选题、实地调研、论文写作和成果发行等；对学生的科研作业进行收集、批阅和成绩评定；组织科研小组内部进行交流和讨论。

卓越幼儿教师科研素养培养阶段任务见表7-3。

表 7-3 卓越幼儿教师科研素养培养阶段任务

时间	培训模块	培训内容	任务清单	考核要求
第二学期（暑假）	理论拓展	社会调查研究方法与实践	调研社区环境和资源： （1）调查幼儿生活的社区环境设施，如玩具设施、绿化设施、道路设施等 （2）调查有利于幼儿社会性发展的社区资源，如商店、市场、银行等	完成1篇调查报告 要求：根据学生自己感兴趣的内容自拟题目，撰写字数在3 000字以上
第四学期	特长训练	教育科研	（1）做文献检索、写文献综述 （2）在文献检索的基础上学会选题	完成1篇文献综述 要求：根据学生自己感兴趣的内容自拟题目，3 000字以上
第四学期（暑假）	理论拓展	社会调查研究方法与实践	调研家庭中幼儿绘本阅读的现状（绘本种类、数量和内容，阅读时间和频率，亲子阅读情况等）	完成1篇调查报告 要求：题目自拟，3 000字以上
第五学期	特长训练	教育科研	利用见习时间选择全班幼儿或个别幼儿进行观察和分析，观察内容可以是幼儿一日生活的各个环节或各环节中的具体内容	完成1篇观察报告 要求：题目自拟，3 000字以上
第六学期（暑假）	特长训练	教育科研	调研父亲陪伴幼儿的情况（如陪伴时间、陪伴形式、玩耍内容等）	完成1篇调查报告 要求：题目自拟，3 000字以上
第七学期	特长训练	教育科研	独立进行调研并撰写学术论文	撰写1篇学术论文 要求：题目自拟，方法自选，5 000字以上
第八学期	主题活动	科研特长组课题结题报告	科研成果显现	在学术期刊上公开发表论文1篇（含）以上 要求： （1）发表的学术论文字数在5 000字以上 （2）在省级及以上学术期刊发表论文

注：1. 暑期的作业在第二学期开学后、学期中的作业在学期末时提交到指导教师处。2. 所有任务必须独立完成，不得抄袭。3. 所有书面作业严格按照格式规范（详见附件4、附件5、附件6）完成，要求字迹清晰，A4纸单面打印。

附件 4：调研报告基本格式

前置部分 { 题名
署名
摘要
关键词

主体部分 { 引言
研究方法
研究结果
讨论与分析
结论

附录　附录（必要时）

结尾部分 { 注释
参考文献
致谢（必要时）

附件 5：文献综述基本格式

1. 前置部分

包含题目、摘要和关键词。

2. 主体部分

（1）前言：主要阐述综述的对象、原因和意义，介绍有关的概念、文献的范围及其基本内容提要。

（2）正文：包括论据和论证两个部分。通过提出问题、分析问题和解决问题，比较不同学者对同一问题的看法及其理论依据，进一步阐明问题的来龙去脉和自己的见解，给读者提供考虑问题的依据。

（3）结论：对正文部分做扼要的归纳小结，对各种观点进行综合评价，并概括提出自己的观点、间接或建议，指出存在的问题及今后研究的方向和展望。

（4）参考文献：文末列出参考文献，编排应条目清楚、内容准确无误。

附件 6：学术论文基本格式

```
              ┌ 题名
              │ 作者
前置部分  ┤
              │ 摘要
              └ 关键词

              ┌ 绪论
主体部分  ┤ 本论
              └ 结论

附录部分    附录（必要时）

              ┌ 注释
结尾部分  ┤ 参考文献
              └ 致谢（必要时）
```

（四）卓越幼儿教师培养艺术素养组实施方案

面向全体学前教育专业的学生，分类指导，因材施教，讲求实效的方针；遵循普及与提高相结合、课内与课外相结合、理论与实践相结合的原则。适应学前教育改革，构建厚基础、强能力、重融合的培养体系，培养一批热爱学前教育事业，综合素质全面、保教能力突出的卓越幼儿教师。

通过艺术教育使学生了解国内外优秀民族文化艺术，提高文化艺术修养，具备幼儿教师所需的艺术方面的基本技能。培养学生感受美、表现美、鉴赏美、创造美的能力，树立正确的审美观念，陶冶情操、启迪智慧、发展个性、激发学生的创新意识和创造能力。

具体任务：

（1）立足课堂教学，提高教学质量（按照现有的教学计划和课程大纲进行教学，注重教学质量的提升）。

（2）做好课外活动的延伸（鼓励学生积极参加各类艺术活动，开展兴趣小组；定期举办各类艺术展示活动及比赛）。

（3）发挥艺术教师科学研究的积极性（建立艺术教育科研课题研究组，探索学习学前教育专业艺术教育的特点及规律，培养学生具有、会弹、会跳、会唱、会写、会画、会制作的基本功及丰富的艺术表现能力）。

卓越幼儿教师艺术素养培养阶段任务见表 7-4。

表 7-4　卓越幼儿教师艺术素养培养阶段任务

时间安排	艺术类别							
	音乐				美术			
	课程	学期目标	学期任务	实践要求	课程	学期目标	学期任务	实践要求
第一学期	舞蹈	1. 使学生初步了解舞蹈基础理论知识，培养学生的舞蹈基本素质和对舞蹈的认识 2. 了解人体自身及各部位运动规律，掌握舞蹈动作术语 3. 舞蹈基本动作准确优美	1. 舞蹈理论的学习 2. 舞蹈基本动作介绍 3. 基本动作、技能训练 4. 舞蹈基训：软开度训练、把杆训练、身韵训练、技巧训练	1. 每堂课后复习 2. 每月一次随堂考试	素描造型训练	掌握基本的素描造型能力和构图能力。构图完整、比例正确、物像绘制恰当	完成8张8开大小的素描作品（2周1张）室内外写生结合	根据总体安排，定课
	钢琴	1. 初步掌握钢琴正确的弹奏姿势和弹奏方法，手臂自如、手指初步独立 2. 能准确地识读五线谱 3. 掌握非连音、跳音、连音的弹奏方法，具备一定的音乐表现力	1. 练习曲：《拜尔钢琴基础教程》1~60首（选弹） 2. 乐曲：《钢琴基础教程1》（选弹） 3. 基本练习：C大调、a小调音阶、琶音、和弦（两个八度） 4. 《哈农练指法》1~5首	1. 保持正确的弹奏手型和触键方法，手心空、手指关节突出、指尖触键 2. 每天练琴时间不少于1小时 3. 每周熟练地完成一首练习曲和一首乐曲的弹奏				
	音乐基础	1. 初步掌握基础乐理知识 2. 能视唱包含常见节拍和节奏的五线谱和简谱 3. 能了解歌唱的基本能力，基本掌握歌唱基本能力的方法，能用科学的发声方法进行歌唱	1. 感知音准、节奏等音乐基本要素，初步进行五线谱和简谱歌曲的视唱 2. 柯尔文手势、奥尔夫节奏训练、基本乐理知识训练 3. 掌握"歌唱呼吸、歌唱发声、歌唱共鸣、歌唱语言"四种能力和基本训练方法	1. 每周进行集体视唱练习一次 2. 每周进行合唱训练一次 3. 课后分小组进行打击乐节奏训练的编排 4. 课后分小组进行儿童歌曲表演唱的编排				

表7-4(续)

时间安排	艺术类别						
	音乐			美术			
	课程	学期目标	学期任务	实践要求	课程	学期目标	学期任务	实践要求
第二学期	舞蹈	1. 通过各种形式的舞蹈基本功训练，使学生具备较强的舞蹈表现力和动态美 2. 全面了解幼儿舞蹈教育教学的基本知识，掌握幼儿舞蹈教学、创编的基本理论和技能	1. 舞蹈基训：软开度训练、把杆训练、身韵训练、技巧训练 2. 幼儿基本舞步 3. 幼儿律动 4. 幼儿歌表演、集体舞	1. 每节课后复习所学舞步 2. 每人创编2~3个新的幼儿舞步组合 3. 每人创编2~3个幼儿律动 4. 每人创编2~3个幼儿歌舞表演、集体舞	素描静物写生（深度教学）	学生熟练掌握静物体积塑造的技法（1. 三大面，五大调在物像上的处理；2. 画面黑白灰的恰当表现）	完成8张8开大小的素描静物作品（2周一张）室内外写生结合	根据总体安排定课
	钢琴	1. 进一步掌握正确的弹奏方法，臂、腕、手指配合协调训练 2. 手指较独立、灵活。训练手指的伸张及连奏中训练手指重心的转移 3. 能准确掌握音乐的节奏、分句，学会分辨不同的力度和音色，对乐曲有一定的理解	1. 练习曲：《拜厄钢琴基础教程》61~100首、车尔尼钢琴练习曲OP. 599（根据学生实际情况选弹） 2. 乐曲：《钢琴基础教程1》前半部分（根据学生实际情况选弹） 3. 基本练习：C大调、a小调（四个八度）、一升一降内音阶、琶音、和弦音阶、琶音、和弦（两个八度） 4. 《哈农练指法》1~10首	1. 始终保持正确的弹奏手型和触键方法，手心空、手指关节突出、指尖触键 2. 每天练琴时间不少于1小时 3. 每周熟练地完成一首练习曲和一首乐曲的弹奏				

表7-4(续)

时间安排	艺术类别							
	音乐				美术			
	课程	学期目标	学期任务	实践要求	课程	学期目标	学期任务	实践要求
第三学期	舞蹈	1. 使学生初步了解、掌握四~六个民族民间舞蹈的基本风格、基本舞步、动作基本韵律的特点 2. 扩大学生的舞蹈眼界和知识，广泛积累舞蹈素材，以便不断提高自身鉴赏舞蹈，表演舞蹈的能力，丰富和发展幼儿舞蹈的表现力	藏族、蒙古族、维吾尔族、傣族、汉族五大民间舞蹈教学	1. 每堂课后复习 2. 每周一至二次抽查、学完一个单元测验一次，要求学生能独立完成所学舞蹈组合 3. 每月一次随堂考试	色彩教学	掌握设计色彩的基本理论以及水粉静物写生的方法	8张作品（2周1张）室内外写生结合	根据总体安排，定课
	钢琴	1. 进一步加强手指独立性的训练和较灵活的跑动 2. 学习和掌握装饰音及节奏较复杂的技术，学习歌唱性的连奏句，学会使用踏板 3. 进一步加强音色和力度的训练	1. 练习曲：车尔尼钢琴练习曲OP. 599（根据学生实际情况选弹） 2. 乐曲：《钢琴基础教程1》后半部分、《钢琴基础教程2》前半部分《布格缪勒钢琴进阶25首》（根据学生实际情况选弹） 3. 基本练习：两升两降内的音阶、琶音、和弦音阶、琶音、和弦（四个八度） 4.《哈农练指法》11~20首	1. 始终保持正确的弹奏手型和触键方法，手心空、手指关节突出、指尖触键 2. 每天练琴时间不少于1.5小时 3. 每周熟练地完成一首练习曲和一首乐曲的弹奏				

表7-4(续)

时间安排	艺术类别							
	音乐				美术			
	课程	学期目标	学期任务	实践要求	课程	学期目标	学期任务	实践要求
第四学期	舞蹈	1. 使学生了解、掌握幼儿舞蹈创编的基础知识,明确要做一名幼儿园舞蹈编导所应完成的几个阶段,为创编舞蹈做准备。2. 学生必须掌握理论知识,并能在教师指导下进行幼儿舞蹈创作构思。使学生艺术潜能得到充分调动,在实践中加深对舞蹈创编规律特点的理解,基本掌握编导能力	1. 幼儿舞蹈创编基础知识 2. 幼儿舞蹈创编技术过程 3. 幼儿舞蹈创编技法	1. 独立创编3~5个幼儿舞蹈 2. 分小组进行3~5个幼儿集体舞创编	综合绘术实践课程(特色课程)	该学期融入环创知识的教学,结合玩教具、绘画等学科知识对学生进行综合性指导。明确重点、将前期知识综合运用到实践中。在实践中检测前期效果	8张(2周1张)区域环境创设作业(要求结合绘画、玩教具等知识)	根据总体安排,定课
	钢琴	1. 学习幼儿歌曲即兴弹唱,能根据歌曲的风格特点与音乐形象,选择和弦、设计音型,进行幼儿歌曲伴奏织体的编配 2. 能运用科学的发声方法流畅自如的自弹自唱 3. 进一步掌握各种钢琴弹奏技术,加强速度方面的训练 4. 加强对声部、音色、力度、速度的控制能力 5. 能较完整的表现音乐形象,并进一步正确使用踏板	1. 幼儿歌曲即兴弹唱 2. 练习曲:车尔尼钢琴练习曲 OP. 849(根据学生实际情况选弹) 3. 乐曲:《钢琴基础教程2》后半部分、《钢琴基础教程3》《布格缪勒钢琴进阶25首》(根据学生实际情况选弹) 4. 基本练习:三升三降内的音阶、琶音、和弦音阶、琶音、和弦(四个八度) 5. 《哈农练指法》11~20首	1. 每天练琴时间不少于2小时 2. 每周熟练地完成一首练习曲和一首乐曲的弹奏 3. 独立设计编配幼儿歌曲伴奏乐谱8首,并能熟练的自弹自唱				

三、卓越幼儿教师培养实践实训操作

卓越幼儿教师培养实践实训操作见表7-5。

表7-5 卓越幼儿教师培养实践实训操作表

课程名称	实验项目	所属专业	总分组数	年级、班	每组人数	授课教师	地点	学生人数	周次、日期
微格教学	讲解技能、提问技能（针对一线教学中新手教师提问经验欠缺的问题，邀请幼儿园一线优秀教师进行课堂教学技能展示，尤其注重向学生展示：如何在幼儿园教育活动中对幼儿进行有效提问，引导学生总结提问的技巧）	学前教育	5	2017	20		微格教室	100	12周，5月21日
微格教学	教学语言技能、结束技能、活动组织技能（组织学生进幼儿园课堂，观摩幼儿教师是如何组织教育活动，如何导入和结束课堂活动，在教学过程中教师的语言运用技巧等。观摩活动后进行总结评价）	学前教育	5	2017	20		微格教室	100	13周，5月28日
幼儿园活动设计与指导	领域关键经验与教学活动指导（邀请专家讲座）	学前教育	1	2017	100		待定	100	6周，4月11日
幼儿园活动设计与指导	如何听课、评课（实地观摩幼儿园活动）	学前教育	1	2017	100		待定	100	14周，6月6日
幼儿园课程	幼儿园教案撰写技巧（邀请幼儿园一线教师讲座）	学前教育	1	2017	100		图书馆	100	9周，5月2日
	学前卓越讲堂（高校专家）								3月30日

注：①本表由课程主讲教师依据课程大纲、卓越项目各阶段任务填写，内容应真实完整。

②在实验项目栏中应填：一线教师的具体任务，即某领域的示范课、某主题的讲座、某专题的分享或讨论等。

③本表在每学期开学后的第一周内交学前教育系。

（一）卓越学前教师教育听课、评课记录撰写要求

听课、评课是教师在日常教学活动中经常性的不可缺少的教研活动，是促进教学观念更新、教学经验交流、教学方法探讨、教学艺术展示、研究成果汇报、教学水平提高等的重要途径和主要手段。此撰写要求适合于卓培班同学听视频和现场教育活动。提交的听、评课记录须包含以下三方面：听课记录、评课记录、改进意见或感受。

1. 听课记录撰写注意的方面

（1）基本信息

a. 活动领域、名称、年龄班。

b. 时间、执教人。

（2）听课前的准备

知道活动领域、名称、年龄班后，简要写出你计划的大致活动目标及活动环节。

（3）听课

a. 听教学环节。新课的导入→新知识的探究→新知识的巩固、应用与拓展→结束等环节。每个环节老师的具体提问和操作，教师的教学方式、方法。每个环节的时间安排。

b. 各环节间、每环节内的安排

各环节如何控制时间，完成每一环节的过程和过渡的情况。

大的环节内又是如何安排小的环节，各个步骤或环节之间的安排是否有条不紊？

一环紧扣一环的，什么时候教师引导，什么时候幼儿自主探究，什么时候幼儿合作交流，什么时候幼儿练习展示，什么时候反馈评议，什么时候质疑讨论，什么时候归纳小结。

c. 听目标的重点、难点。重、难点运用了何种教学方式、方法方式帮助幼儿突破重点难点，理解掌握新知识。具体时间分配分钟数。

d. 辅助手段的使用。

e. 师幼互动情况。教师反馈方式、个体关注、幼儿积极性等。

2. 评课记录撰写要求

从对教学目的、程序、方法、师幼互动、教学效果等方面撰写。

（1）评教学目标

首先，从教学目标制定来看，是否全面、具体、适宜。全面，指一般教学目标的制定包含三个纬度（情感态度、能力、知识）来确定；具体，指知识

目标要有量化要求，能力、思想情感目标要有明确要求，体现本次教学活动特点（即在表述时可操作性明显）；适宜，一指是否偏离活动领域，目标是否是该领域的关键经验。二指确定的教学目标，能以新纲要为指导，符合幼儿的年龄特点和认知规律，关注本年龄段幼儿兴趣点，且难易适度。

其次，从目标达成来看，教学目标是不是明确地体现在每一活动环节中，教学手段是否紧密地围绕目标，为实现目标服务。

最后，目标的重点、难点是否达成，时间安排是否合理。

（2）评选材

看教师对活动内容的选择是否恰当，对教材理解是否透彻，更要注意分析教师在教材处理和教法选择上，是否突出了重点，突破了难点，抓住了关键。

a. 选材是否符合幼儿生活经验水平、认知规律以及心理特点。

b. 教师对教材的处理是否准确。（处理是指对教材进行合理的调整充实，重新组织、科学安排教学程序，选择好合理的教学方法。）

c. 是否突出了重点，突破了难点，抓住了关键。

（3）评教学程序

a. 看教学思路、脉络、主线是否清晰。

教师在活动中的教学思路设计是多种多样的，如环节的设计、提问的设计、操作环节的设计等。为此，我们评教学过程，一是要看教学思路设计，符不符合教学内容实际，符不符合幼儿实际，激发兴趣，满足幼儿学习需要；二是要看教学思路的设计，是不是有一定的独创性，能不能给幼儿以新鲜、刺激的感受；三是看教学的层次。脉络是不是清晰，由易到难，由浅入深，层层递进（这也是最重要的一点）。

b. 设计思路与实际教学操作是否符合，教师在设计教学思路时对活动预设不够，对孩子的了解不够，或者教学思路不清楚，会导致在活动中遇到情况无法很好地处理。

c. 看教学的结构安排是否合理。

看教学环节时间分配和衔接是否恰当，有没有"前松后紧"或"前紧后松"的现象，指导与练习时间搭配是否合理等。看幼儿个人活动，小组活动和集体活动时间分配是否合理，有没有集体活动过多，关注个体的时间过少的现象。

（4）评教学方法和手段

a. 看教学方法的多样化。评课，既看老师是否能够面向实际，恰当地选择教学方法，同时还要看教师能否在教学方法多样化上，下一番功夫，使课堂教学超凡脱俗，常教常新，富有艺术性。关注随机的生成。

b. 看教学方法是否适合幼儿，是否适合教学内容，教师是否引导直接感知、实际操作、亲身体验。

c. 看现代化教学手段的运用。

（5）评师幼关系

a. 看能否充分确立幼儿在学习活动中的主体地位。

b. 看能否努力创设宽松、民主的教学氛围，教师与幼儿的融入（如有的师幼关系非常融洽，有的教师则高高在上，特别是小班教学活动，更需要教师与幼儿之间这样的亲近感）。

（6）评教师教学基本功

a. 看教态：教师活动中的教态应该是明朗、快活、富有感染力。仪表端庄，举止从容，态度热情。

b. 看语言：教学也是一种语言的艺术。首先，要准确清楚，说普通话，精确简练，生动形象，提问有启发性。其次，教学语言的语调要高低适宜，语速要快慢适度，抑扬顿挫，富于变化。

c、看操作：看教师运用教具，多媒体操作熟练程度（钢琴弹唱）。

（7）评教学特色（整个活动的亮点体现在哪里）

总之，评价一节课，应从两个方面来看：既看教师是否善于引导，是否创设良好教学环境，是否组织幼儿开展活动，是否留有静思的空间和时间，而不仅是看教师讲得怎么样。看幼儿是否积极主动，看幼儿是否积极参与，参与面有多大，是否主动探究、合作交流，是否敢于质疑，提出有价值问题，关键还要看幼儿学得怎么样，得到多少，得到些什么，掌握了哪些学习方法。

卓越幼儿教师技能评价见表7-6。

表7-6　卓越幼儿教师技能评价

	评价指标	差	一般	较好	好	权重
I 导入技能	1. 能面向全体幼儿					0.1
	2. 引入能引起幼儿学习的兴趣和积极性					0.2
	3. 与新旧知识联系紧密，承上启下，目的明确					0.15
	4. 引入自然衔接得当					0.15
	5. 讲话情感充沛，语言清晰					0.1
	6. 引入时间掌握得当，紧凑					0.1
	7. 确实将幼儿引入到学习的情景					0.2

表7-6(续)

	评价指标	差	一般	较好	好	权重
Ⅱ 语言技能	1. 普通话的标准程度					0.1
	2. 吐字清楚，声音洪亮，速度节奏恰当					0.1
	3. 语言通顺、连贯，语调有起有伏					0.1
	4. 语言所表达的教学内容准确、规范，条理性好，并能促进幼儿理解					0.2
	5. 语言的情感性好，有激励作用					0.1
	6. 语言简明，主次分明，但该重复的应有恰当的重复					0.1
	7. 语言有启发性，应变性					0.1
	8. 使用神态语，目光、表情、动作姿势恰当并能起强化作用					0.1
	9 运用语言与幼儿相互作用，幼儿学习积极性高					0.1
Ⅲ 讲解技能	1. 达到教学目的，实现教学目标要求					0.1
	2. 讲解能突出重点，讲解好难点					0.1
	3. 为了解重点、难点提供了丰富而直观的感性材料，合理组合运用了各种教具					0.1
	4. 有逻辑或使用类比，使讲解条理清楚					0.05
	5. 注意理论联系实际					0.1
	6. 加强启发、诱导，讲解生动活泼					0.1
	7. 讲解符合科学性，用词确切，避免"口头语"，重点关键词强调得当					0.1
	8. 运用了提问，谈话与幼儿呼应，课堂气氛活跃					0.1
	9. 讲解声音洪亮，注意随感情变化有起有伏，速度恰当					0.05
	10. 讲解灵活多变，不是生吞活剥，死背教案，并能面向全体幼儿讲课					0.05
	11. 注意分析幼儿反应，帮助幼儿深化、巩固所讲内容					0.05
	12. 讲解能调动幼儿学习的积极性，有利于培养幼儿的思维、推理能力，即有利于培养幼儿的生物学能力和发展智力					0.05
	13. 重难点讲授时间分配恰当					0.05

表7-6（续）

	评价指标	差	一般	较好	好	权重
Ⅳ提问技能	1. 问题内容明确，重点突出					0.1
	2. 联系旧知识，解决新问题					0.1
	3. 问题设计包括多种水平，举一反三，触类旁通					0.1
	4. 把握好提问时机，促进幼儿思维					0.1
	5. 表述问题清晰流畅，引入界限明确					0.05
	6. 提问后适当停顿，给予思考时间					0.1
	7. 提示适当，帮助幼儿思考					0.1
	8. 面对幼儿认真听取回答，及时掌握其他幼儿对"答案"的判断反应					0.1
	9. 对答案能确认分析评价，及时纠正不足，使幼儿明确					0.1
	10. 提问面广，照顾到各类幼儿，调动学习积极性					0.1
	11. 对幼儿给予鼓励，批评适时恰当					0.05
Ⅴ板书技能	1. 纲举目张，条理清楚					0.1
	2. 较好地反应教学目的、重点，主次分明					0.1
	3. 字迹端正、规范、整洁，无错别字					0.1
	4. 最后一排视力正常的幼儿可看清楚					0.05
	5. 正、副板书位置恰当					0.05
	6. 板书简明扼要，而又阐明了问题					0.1
	7. 较好地解决了难点					0.1
	8. 图文并茂，板书有特色（有贴图、作品展示等）					0.1
	9. 板书与 ppt 讲解结合恰当，利于激发兴趣和思考					0.1
	10. 板书内容的科学性					0.1
	11. 应用简笔画现场作画					0.1

表7-6（续）

	评价指标	差	一般	较好	好	权重
Ⅵ 演示技能	1. 演示挂图出行时机（及时性）					0.1
	2. 演示挂图前有"序言性"说明，给幼儿营造渴望的情绪					0.05
	3. 阐明了图与实物的关系					0.05
	4. 能指图解说清楚、准确					0.75
	5. 在挂图中不易看清楚的细微或复杂结构，能画放大图或辅助图配合主图					0.75
	6. 善于利用挂图启发引导幼儿观察来获得知识					0.1
	7. 语言（讲解）和挂图两者能有效结合起来					0.1
	8. 适当缩短挂图与板书的距离，防止过分走来走去，讲解中有主有从					0.05
	9. 演示物（实物、模型等）要足够大，直观性和典型性好					0.1
	10. 演示位置恰当，光线适中（幼儿能看清楚）					0.05
	11. 演示准确，形象明显，直观性好					0.1
	12. 演示与讲解配合得当，善于启发引导观察，调动幼儿积极思维					0.1
	13. 演示中操作示范性好					0.05
Ⅶ 强调和变化技能	1. 音量、语调变化					0.1
	2. 声音的速度、缓急和语言中停顿					0.1
	3. 语言中强调恰当性					0.05
	4. 面部表情变化恰当，教态自然					0.1
	5. 手势、头部动作变化恰当					0.1
	6. 目光接触变化，接触幼儿恰当					0.05
	7. 身体移动适当、自然					0.1
	8. 运用教学媒体的变化					0.1
	9. 触觉、操作活动使幼儿有动手机会					0.1
	10. 教学重点、关键处强调恰当					0.1
	11. 师幼相互作用活动					0.1

表7-6(续)

评价指标		差	一般	较好	好	权重
Ⅷ 巩固结束技能	1. 巩固、结束阶段有明确目的					0.1
	2. 巩固环节安排了幼儿活动（练习、提问、小实验等）					0.2
	3. 能及时发现和利用恰当方法纠正幼儿的问题					0.2
	4. 总结内容概括，突出活动的重点与难点					0.1
	5. 有利于巩固、活化所学知识，并进一步激发幼儿学习兴趣					0.2
	6. 布置任务明确，每位幼儿都能记下					0.1
	7. 时间紧凑，不拖堂					0.2
Ⅸ 课堂组织技能	1. 走上讲台上课能面向全体幼儿，用目光、语言组织教学，效果好					0.2
	2. 目光暗示与语言配合，组织幼儿进入某种教学状态					0.1
	3. 及时运用幼儿反馈的信息，调整、控制好教学					0.1
	4. 不断变换教学方式，使幼儿始终处于积极学习状态					0.1
	5. 运用恰当的方法，使不同层次、不同水平的幼儿积极听课					0.1
	6. 善于处理活动过程中的突发事件，懂得处理少数和多数、个别与一般幼儿的策略，方法恰当					0.2
	7. 教学进程自然、活跃，师生相互合作好					0.2

3. 你的改进思路或者感受

（1）撰写你对目标、内容、实施的改进处理方式。

（2）听课、评课后的感想。

（二）卓越幼儿教师教育见习指导方案

1. 教育见习的目的

学前专业见习是学前教育专业教学计划的重要组成部分，是贯穿专业学习全过程的重要的教育实践环节，是师范专业学生从学习教育理论到教育实习之间的过渡环节，其主要目的在于对幼儿园教育进行实地考察和学习，了解幼儿园教育教学的一般规律，树立从教意识，增强职业信心，培养学生对所学专业的兴趣和热情，激发学生学习从教专业理论知识和教学技能的积极性，为教育实习创造条件，进而为学生毕业后尽快适应教育教学工作奠定良好的基础。为培养我院"厚基础、复合型、高素质、实用型"的学前教育专业人才，结合学前教育人才培养方案中的课程大纲，特拟定此教育见习计划。

2. 见习生守则

（1）到幼儿园见习的学生，一律挂牌进园上岗。

（2）服从学院带队教师和幼儿园教学指导教师的安排，能虚心请教。

（3）自觉遵守学院和见习幼儿园的各项规章制度，能按时入园、离园，能在规定的时间内返校。

（4）做好自身安全防护，谨防上当受骗。

（5）能在规定的时间内保质保量地完成见习的任务和要求。

（6）着装干净、整洁、大方，不留指甲，不穿高跟鞋，不披头散发，不佩戴过于繁琐复杂的首饰，妆容清新淡雅。

（7）言谈举止文明、端庄，从各个方面给幼儿做好表率。

（8）热爱幼儿教育事业，尊重幼儿权利，平等对待每一位幼儿，对待幼儿要有爱心、耐心、细心、童心、责任心。

3. 教育见习的组织

（1）在见习实施之前两周，学前教育专业教研室负责人根据实践教学大纲要求和各幼儿园情况制订切合实际的学期见习实施方案（含见习班级、见习时间、见习幼儿园、见习的任务和要求、分组情况、确定带队教师和小组长、停课教师、安全措施等），将方案报学院批准后实行。

（2）在见习实施之前一周，学前教育专业教研室负责人及班主任组织相关班级学生召开见习动员会，宣讲见习工作安排和注意事项。

（3）联系见习幼儿园，落实见习小组派遣名单，制作联系函。

（4）由班级辅导员组织见习学生学习《安全承诺书》内容，分组（每位学生）签订《安全承诺书》一式三份，小组长留一份，学院、见习学校各存一份。

（5）带队教师负责跟踪了解见习生的见习情况并对见习生见习过程做出具体指导，检查见习生的作业完成情况，收集各幼儿园对学生见习期间表现的评价和反馈意见。

（6）见习结束后，由带队老师和班主任组织学生召开见习分享会或总结会，在班级内交流见习心得体会。

（7）见习结束后，见习学生提交《见习自我总结反馈表》，带队教师提交《教师带习反馈表》并协助幼儿园教学指导教师为见习生写出见习鉴定并评定成绩。

4. 教育见习的时间安排

教育见习的时间安排见表7-7。

表7-7　教育见习的时间安排

学期	见习时间安排
第一学期	一周
第二学期	一周
第三学期	一周
第四学期	一周
第五学期	一周
第六学期	集中实习18周
第七学期	选修课学习、顶岗实习、毕业论文
第八学期	选修课学习、顶岗实习、毕业论文

5. 教育见习的具体任务和要求

（1）第一学期

见习目的与任务

初步了解幼儿园教育工作的特点；结合人体解剖生理学知识了解幼儿生理发展特点；了解幼儿园日常生活教学中常用的儿歌、舞蹈等。

相关课程

新生入学专业教育讲座、人体解剖生理学、音乐、舞蹈。

作业要求

结合幼儿园教育见习观察谈谈你对幼儿生理发展特点的认识；完成观后感《我的幼儿园印象》；会唱跳两首幼儿园见习中学习到的歌舞。

见习总结

见习结束后，每位同学提交见习作业，小组长组织交流讨论。全班举行一次见习感受分享会，请同学讨论、分享见习收获、感悟及其对学习的影响，幼儿园歌舞唱跳展示。

（2）第二学期

见习目的与任务

观察幼儿园的一日生活，运用心理学、教育学的基础知识分析讨论观察到的教育问题；了解幼儿园的物质环境构成（室外如园门、沙池区、游泳池、种植区、饲养区、体能锻炼区、游戏活动区、休息区等；室内活动室如门厅、走廊、楼梯、办公室、卧室、盥洗室、厨房、活动区角、功能室等），尤其是室内美工环境的创设等。

相关课程

心理学基础、教育学基础、琴法、美术、舞蹈

见习作业

记录幼儿园中观测到的2~3个教育事件，运用心理学、教育学知识对其进行分析；在美术课堂中呈现一幅绘画作品：《我理想中的幼儿园》。

见习总结

见习结束后，每位同学提交见习作业，小组长组织交流讨论。全班举行一次见习感受分享会，请同学讨论、分享见习收获、感悟及其对学习的影响，绘画作品展示。

（3）第三学期

见习目的与任务

了解幼儿教师和保育员一日工作常规与幼儿一日活动的具体流程；学习幼儿教师的职业道德规范和日常行为要求，包括：教态、教学用语、与人（幼儿、家长、同事、领导）沟通能力、职业道德（爱心、童心、耐心、责任心）等；学习教师如何进行一日活动的组织与开展，了解教师与幼儿交往的基本要求和方法，与家长合作、沟通的基本要求和方法；了解各年龄段幼儿身心发展的特点、规律及教育要求，发现幼儿在园中呈现出来的心理发展特点，并结合学前心理学和教育心理学知识进行深入分析与归纳总结。

相关课程

学前教育原理、学前儿童发展科学、教育心理学。

见习作业

完成实践班幼儿身心发展的特点分析报告1份；记录一名教师和一名保育员的常规工作流程；做好一名教师对幼儿、家长、同事、领导等沟通时的观察记录，总结教师采用的沟通策略与方法。

见习总结

见习结束后，每位同学提交见习作业，小组长组织交流讨论。全班举行一次见习感受分享会，请同学讨论并进行案例分享及观察记录展示。

（4）第四学期

见习目的与任务

以幼儿园教育活动的设计与实施为重点，了解教师如何根据年龄段幼儿的身心特点设计和组织幼儿园一日活动，并尝试设计和组织集体教育活动；学习幼儿园教学各环节的设计与组织，尝试在校进行微格教学；了解幼儿园的环境与建筑设备的卫生状况和膳食情况，尝试制作食谱。

相关课程

学前儿童卫生与保育、幼儿园课程、幼儿园活动设计与指导、微格教学。

见习作业

设计一堂集体教学活动，在校进行微格教学演练；制定一日活动计划1份，周计划1份；制定幼儿园食谱1份。

见习总结

见习结束后，每位同学提交见习作业，小组长组织交流讨论。全班举行一次见习感受分享会，请同学讨论、分享见习收获、感悟及其对学习的影响，选拔优秀教学活动设计教案、食谱表、周计划表等进行交流学习与展示。

（5）第五学期

见习目的与任务

以幼儿园游戏活动和各领域活动设计与实施为重点，了解教师如何根据年龄段幼儿的身心发展特点创设有利于幼儿成长、游戏、学习的教育环境和进行玩教具的制作；了解教师如何根据各年龄段幼儿的身心特点设计和组织幼儿园各领域的教育活动和游戏活动；了解区角活动的组织与开展；能对幼儿的行为进行观察记录与分析。

相关课程

幼儿园游戏、学前儿童行为观察与分析、幼儿园环境创设与玩教具设计制作。

见习作业

完成实践班活动室区角活动环境创设的分析报告1份；完成对一名幼儿的跟踪观察记录与分析报告1份；在实践班开展一次游戏活动的设计、组织与实施；制作实践班游戏活动的玩教具作品一件。

见习总结

见习结束后，每位同学完成和提交见习作业，小组长组织交流讨论。全班举行一次见习感受分享会，请同学讨论、分享见习收获、感悟及其对学习的影响，开展玩教具作品展示。

（三）卓越幼儿教师教育实习指导

1. 指导思想

通过教育实习，使实习生进一步接受职业道德的教育和训练，体验和感受从事教育事业的荣誉感和责任感，从而进一步强化专业情怀，热爱教育工作，确保其尽早成为合格的幼儿园及小学教师。

2. 实习时间

第六学期共 18 周。

3. 实习内容与要求

教育实习内容主要包括：保教工作、保育工作、环境创设、家长工作、班主任工作和教育研习。

（1）保教工作

第一，集体教育活动——教学与游戏活动。

能组织幼儿园各类教学活动，会观察、鼓励、支持、推动、组织幼儿的游戏，能较好地与幼儿沟通，引起幼儿的学习兴趣，基本完成预定的教学任务。

听课要求：观摩任课教师的公开课 1~2 节，随堂听课不少于 20 节，且有详细的听课记录。实习结束时，听课记录由学校带队教师签字检查。

教案设计与教学实施：每位实习生至少完成 8 个不同内容教案的课堂教学任务。

具体要求：

①认真备好每一节课，写好教案，并于上课前一周将教案交给幼儿园指导教师审阅，第一次上课前要先给幼儿园指导教师模拟课堂说课或试讲，指导老师提出改进意见，经幼儿园指导教师批准签字方可执教；

②上课后，主动征求幼儿园指导教师的意见，及时修改教案，完善补救，写出教学后记、教学反思；

③积极创造条件，运用多种现代化教学手段辅助教学，鼓励制作多媒体课件和网络课件。

实习生汇报课：每位实习生须打磨一堂原创汇报课，并在实习园汇报展示，择优选取一堂汇报课，在实习结束后，代表实习校参加西华师范大学的实习生竞教比赛。

积极参与实习幼儿园教学研究、教学评优等活动。积极协助指导教师开展日常保教工作。

第二，区域活动。

认真记录实习班级的区域活动的设置（如语言活动区、科学活动区、益智区、娃娃角、自然角）情况，重点了解活动区的材料投放、活动时间、活动常规及与幼儿身心发展的关系。观察原班老师对区域活动或小组活动指导，每人均能开展 1 次以上区域活动或小组活动，学会为不同的区域或小组制作、投放活动材料，学会进行分组、分层次指导。

第三，个别教育活动（个案追踪）。

在一日生活中能主动观察幼儿，发现幼儿间的个别差异，会根据幼儿的心理或生理特点，在指导教师的指导下，抓住教育契机，实施个别教育。每人写一篇个案教育笔记，记录自己如何针对幼儿的个别情况，进行教育的过程与效果。

第四，特色教育活动（园本课程开发与应用）。

积极了解实习园的特色课程，主动了解特色课程的开设依据、学习特色课程的组织方法、思考特色课程的教育价值。

（2）保育工作

贯彻保教结合的原则，会观察幼儿的身体状况，能独立承担一天以上的保育工作，按照实习幼儿园作息制度照顾幼儿的生活，培养幼儿良好的生活卫生习惯，保证幼儿的安全，高度重视幼儿的身心健康。

（3）环境创设

能根据幼儿兴趣、身心发展的需要、教育活动的进程和实习幼儿园的要求，与幼儿和班级指导教师一道布置活动室环境，充分认识环境在幼儿教育中的作用，学会创设应答性环境，促使幼儿在与环境互动中学习。

（4）家长工作

了解与家长沟通的各种方式，能及时向家长汇报幼儿在园情况，每人在原班教师的指导下，利用接送时间与家长做好交流，并能参与家长开放日、家长园地建设、家园联系本的填写等工作。

（5）班主任工作

实习生应在指导教师或所在实习班级的班主任指导下，根据实习学校的要求和原教学班的实际情况，制定出实习班主任工作计划，送原班主任老师批准后执行，并完成"班主任工作实习报告"。具体要求如下：

第一，了解班级管理的日常规范，学习处理班级事务。

积极参加一日活动、了解活动规则、组织活动的策略等，逐步积累班级管理的经验与策略。

第二，深入了解班级幼儿，并与幼儿建立良好的师生关系。

第三，协助班主任组织班级主题活动。至少组织1次主题活动，要求有完整的策划方案与实施记录。

第四，学习处理班级特殊事情。

第五，观摩、参与幼儿园大型集体活动。

（6）教育研究

积极开展教学研究活动，主动参与实习园的教学研究活动，撰写切合实际的《教育研习报告》。

4. 实习幼儿园的职责和任务

实习幼儿园：

（1）实习工作由各实习园自行指定执行负责人，具体负责实习期间的实习指导和组织管理。

（2）做好对实习的组织安排，拟定实习生实习工作计划（盖公章，交我校）并具体实施工作计划。

（3）选派有经验的实习指导老师指导本科生实习。指导教师必须具备下列条件之一：学前教育专业指导教师需具有中级及以上职称、专科学历者应有五年以上从教经历、本科学历者应有三年以上从教经历。

（4）为实习生提供必要的工作条件和生活条件。

幼儿园指导教师：

（1）幼儿园指导教师为实习生制定个性化实习指导方案，需签字交我校。

（2）向实习生介绍本班幼儿及家长基本情况，传授保教经验；指导实习生备课，编写教案，听预讲，审批实习生的教案，听实习生试教，及时帮助实习生改进教学；考评实习生试教成绩，写出评语。

（3）指导实习生制定班级工作计划，检查计划执行情况，组织班会活动，做好日常班级管理工作、家长工作并听取汇报，及时指导；考评实习生班主任工作实习成绩，写出评语。附件：卓越幼儿教师培养实践导师工作细则。

附件：卓越幼儿教师培养实践导师工作细则

为了更好地推进卓越幼儿教师培养工作，现将一线指导教师的资格与工作要求做如下规定。

一、指导教师基本条件

1. 具备过硬的政治素质，高尚的师德师风，精湛的业务素质，热爱学前教育事业。

2. 具有 5 年以上工作经验，具有中级及以上职称者优先。

3. 有带班经验，并在某个领域有一定的特长。

二、工作内容及要求

（一）工作内容

1. 每 1~2 周安排一次（一天为宜）学生入园入班学习、观摩、实践。

2. 对学生进行教学指导。包括：说课、教学活动设计、教学活动组织、教学活动评价。一学期打磨 1~2 个原创教学活动。

3. 根据名师工作坊的活动、时间和内容安排，选择性让学生参与名师工作坊的活动。

4. 有目的地引导学生接触幼儿园教研、幼儿园家长工作等其他环节的工作。

5. 期末结束所有卓培学生进行一次公开课评比展示。

（二）管理和考评

1. 对学生进行纪律管理，每次到园到岗有记录。

2. 要根据指导活动进程布置相关作业，并检查。

3. 一学期结束对学生进行全面评价。

4. 教育实习的纪律。

（1）实习生应热爱教育事业，关爱学生，具有强烈的事业心和责任感。按规定参加全部实习活动，熟悉教育实践大纲，按时完成计划中规定的各项实习任务。

（2）自觉遵守实习幼儿园的各项规章制度，在校期间佩戴实习工作证，为人师表，讲究礼貌，仪表端庄，衣着大方；言行举止和作风修养要符合实习学校对教师工作、生活的要求，成为幼儿的表率。严禁体罚幼儿。

（3）尊重实习学校的教师与学生，虚心接受带队教师及实习学校教师的指导，如有要求和意见，应通过正常渠道反映。小组成员之间应互相关心、团结友爱、互帮互助。

（4）爱护实习学校的公共财物。遵守实习小组制定的作息制度和规定，上课、参加活动不得迟到、早退和缺席，未经带队教师批准不得擅离实习点。增强安全意识，实习过程中，注意维护学生及自身的人身安全。

（5）未经实习学校领导和指导教师批准，没有原班主任参与，不得组织班集体的旅游参观等活动。不准利用实习时间进行与实习内容无关的活动；严禁实习期间打牌、赌博、抽烟、酗酒。对违反规定造成恶劣影响或严重后果者，必须立即停止其实习，并报学校予以处理。

（6）实习期间实行坐班制。因病、因事不能参加实习，必须办理请假手续。请假1~2天由实习带队老师和实习校指导教师批准；3天以上者须经学院领导和实习学校领导同意，报校实习实训科备案。请假时间累计超过2周以上者，不能再继续实习，必须重修。学生因假离开实习校时应妥善安排好工作，病假需有医院有效证明。

（7）实习结束时主动找指导教师填写实习考核意见，并由实习小组长统一收齐实习成绩考核册，同时推荐参加学校的实习生教学技能大赛。附件：卓越幼儿教师教学技能竞赛评价标准。

附件：卓越幼儿教师教学技能竞赛评价标准

一、比赛内容

适合参赛领域、年龄班的内容。

二、比赛规则和要求

（一）比赛方式：现场课堂教学竞赛（限在普通多媒体教室比赛）。

（二）参赛选手比赛方式及流程：说课 3 分钟，模拟授课 15 分钟，评委点评 2 分钟。

说课 3 分钟和模拟授课 15 分钟，共计时 18 分钟。现场工作人员在模拟授课结束前 1 分钟和模拟授课结束时，分别用"还剩 1 分钟"和"时间到"提示牌进行提醒。说课环节不单独提醒时间。

三、评分办法

（一）按百分制计分。

（二）评委独立评判并在评分表上打分，去掉一个最高分和一个最低分后的平均分作为该参赛选手的最后得分。比赛结束后，由评审专家在比赛现场对本人打分情况进行复核确认，评审结果由各比赛组的评审专家组组长在比赛现场审核签字确认后生效。

四、评分标准

卓越幼儿教师教学技能竞赛评价标准见表 7-8。

表 7-8　卓越幼儿教师教学技能竞赛评价标准

项目	内容	分值	评价标准	得分
一、说课 30 分	说教学内容	5 分	1. 从学科体系、章节联系整体分析知识结构 2. 依据学科课程标准确定合理的三维目标 3. 准确梳理重、难点，合理整合课程资源 4. 教材处理体现创新性与可行性相结合	
	说教法学法	5 分	1. 教法设计凸现学生主体地位、有创新点 2. 教法多样化，有利于教学重点、难点的突破，有利于教学目标的落实 3. 正确分析学生学情，依据学情，合理引导学习方式 4. 合理选择教具和教学手段，优化教学效果	
	说教学程序	15 分	1. 课堂教学结构设计安排合理，教学思路清楚，突出重、难点的有效解决 2. 课堂教学活动突出学生主体性及多向互动 3. 能合理利用教学手段、课程资源 4. 时间分配得当，对可能出现教学情景有灵活的时间分配方案 5. 合理设计教学反馈环节，预估教学效果	
	其他基本素质	5 分	1. 仪表大方、端庄，稳重，着装规范 2. 普通话标准，表述清楚，语言简练清晰，逻辑性强，富有感染力	

表7-8（续）

项目	内容	分值	评价标准	得分
二、模拟授课 60 分	教态举止	5分	衣着整洁，仪表端庄，教态自然，举止大方，精神饱满，情绪稳定，形体语言得当	
	思维能力	5分	概念准确，条理清楚，逻辑性强，善于分析和综合；观点鲜明，围绕中心，反应敏捷	
	教学设计	10分	1. 教学理念先进，教学目的明确，符合教学大纲和教材要求，体现素质教育要求 2. 掌握备课的基本方法，教案完整规范、详略得当 3. 内容充实完整，概念准确科学	
	教学过程	15分	1. 课堂教学结构严谨，教学环节紧凑，能体现教学目的 2. 讲课条理清楚，讲练结合，灵活多样，讲求实效 3. 教学时间分配合理，教学方法适当 4. 熟悉教案，讲授正确	
	教学方法	10分	1. 正确把握课型特点，教学方法得当，符合教学原则 2. 教学层次清楚、中心明确，较好地把握重点、难点 3. 教学手段使用得当、有效，恰当运用现代教育技术及各种教具	
	教学基本功	8分	1. 语言有学科特点，表达清晰、准确、规范，语速、语调适当，有感染力 2. 能用普通话进行教学，语言水平达到要求 3. 基本掌握导入、讲解、提问、演示、结束和板书等教学技能	
	教学特色	7分	教学设计、结构、方法、手段、语言运用等方面确有特长，风格独特，具有创新精神	
三、现场回答问题 10 分	现场回答专家提问	10分	1. 准确理解专家提出的问题，回答切中问题的要害和关键 2. 言简意赅、概括性强、条理清晰 3. 思维灵活，善于用全面的观点、发展的观点分析问题	
合计				

四、实践实训掠影

（一）启动仪式

"西部农村卓越幼儿教师培养计划"启动仪式

2018年1月5日下午，学前与初等教育学院在西华师范大学老校区学术报告一厅隆重举行"西部农村卓越幼儿教师培养计划"启动仪式（合影见图7-1）。作为2017级学前教育的我们也荣幸参加了本次活动。莅临现场的领导有西华师范大学教务处副处长张晓明、西华师范大学学前与初等教育学院院长李雪平、南充市教科所办公室主任朱霞、西华师范大学附属幼儿园园长刘亭、南充市莲池幼儿园园长胡伶俐、西华师范大学学前与初等教育学院"西部农村卓越幼儿教师卓越计划"首席专家卢清教授、西华师范大学学前与初等教育学院资深幼儿教育专家曾彬、华西都市报资深编辑苏定伟。启动仪式由西华师范大学学前与初等教育学院党委书记段立波主持，学前与初等教育学院实训中心张利红博士、办公室李春林主任、学前教研室主任夏薇、辅导员唐鹏、学前2017级班主任杨川林博士、全体学前专业教师也参加了仪式。

首先，张晓明主任首先代表西华师范大学教务处对该项目的顺利启动，表示热烈的祝贺，希望该项目能成为学院办学"品牌"与学校的"特色"，同时他承诺教务处将提供各种资源全力支持该项目的运行；其次，首席专家卢清教授从我国学前教师培养发展历史出发，对"卓越幼儿教育"的专业定位进行了讲解，同时正式向社会公布了西华师范大学卓越幼儿教师的"培养理念""培养目的""组织管理""实施对象""考核方式"以及"实施路径"等实验方案，听了卢清教授对项目的介绍，我们在心中有了一个清晰的目标；最后，李雪平院长代表学院热烈恭喜项目的正式启动，同时，他也勉励我们勇敢担当历史使命，主动顺应国家的需要，在西华师范大学卓越幼儿项目的引领下，逐渐成为一名卓越而幸福的幼儿教师。学前与初等教育资深幼儿教育专家曾彬老师代表全体项目组教师，发表了热情洋溢的动员讲话，她承诺将携手全体学前教师，不辜负学校以及学院的重托，创新教育教学全面践行项目方案，努力将2017级学前4、5、6班的同学们培养成卓越而幸福的幼儿教师。听了曾彬老师的话后，我们更加坚定自己心中的信念。

作为西华师范大学学前教育专业学生，我们将从今天起努力学习，在老师们的关心教育下，为成长为一名卓越的幼儿教师而努力奋斗！

图 7-1　西部农村卓越幼儿教师培养计划启动仪式合影

（二）卓越课堂

重庆第二师范学院张家琼博士来我院做专题讲座
——学前卓越讲堂第一期

撰稿：栗冬丽　摄影：翟敏蛟　审核：段立波

2018 年 3 月 30 日晚，重庆第二师范学院学前教育学院院长、教育学博士、西南大学兼职硕士生导师张家琼教授来我院为学前教育专业本科学生及硕士研究生做题为《儿童发展及发展核心标准评价》的专题讲座。我院学前教育系主任卢清教授、莲池幼儿园胡伶俐园长及学前教育专业的任课教师聆听了讲座（见图 7-2）。

副院长杜永红教授为学前卓越讲堂第一期开讲致辞，激励学前教育专业的学生要开阔自己的视野、提升自己的专业能力、养成终生学习的习惯。

讲座中，张家琼教授首先表达了个人对学前教育专业的独到见解，她将其描述为"小人国中的大事业"，倡导高校学前教育专业课程的开设应变"坐着学"为"做着学"。张教授从"儿童发展的与众不同""儿童发展的助推因素""儿童发展期的关键指标及评价"三方面展开了她的专题，着重从"幼态持续""泛灵思维""表象思维""秩序感"四个方面探讨了儿童的与众不同。针对"儿童发展期的关键指标及评价"，张教授抛出一连串的问题，什么是好孩子？其评价标准又是什么？3~6 岁儿童应具备什么样的能力？引导大家积极思考。最后，张教授给大家分享了她对"有支持的环境"的看法。

此次讲座，对于帮助学前教育专业学生树立专业思想、激发学习热情、明晰学习目标，尤其是如何更好地认识儿童、了解儿童、读懂儿童起到了极大的启发和促进作用，受到同学们的热烈欢迎。

图 7-2　学前卓越讲堂第一期

吴韦园长来我院做创新创业专题讲座
——学前卓越讲堂第二期

撰稿：陈倩　摄影：史丽君　审核：段立波

2018 年 4 月 27 日晚，我校优秀校友、天立国际早教中心执行园长兼教学总监吴韦园长来我院为学前教育专业学生做了题为《学前教育——生命绽放启迪》的创新创业专题讲座（见图 7-3）。

吴园长从自身就业和创业经历出发现身说法，引导同学们找到自己的专业理想，开阔自己的就业眼界。细致地与同学们分享了幼儿园、益智教玩具、胎教领域、婴托中心、早教中心、水育中心、婴幼产品等 20 余个就业方向。并通过实际案例介绍了正在兴起的与学前教育相关的创新产业，鼓励同学们学好自己专业知识的同时，找到自己长处，认真分析市场，做一个具有创新精神的大学生，期望同学们将来能够在广袤的学前教育领域建立属于自己的事业。讲座期间，吴老师多次和同学们进行互动，一起游戏，整场讲座气氛融洽。

本次讲座帮助同学们明确了学习目标，打开了同学们就业的新视野，为同学们四年大学生活点亮了一盏明灯，在同学们心中埋下了创新创业的种子。

（a）

（b）

图 7-3　创新创业专题讲座——学前卓越课堂第二期

中科院发展与教育心理学博士陈娟来我院开展讲座

——学前卓越讲堂第四期

2018 年 11 月 27 日下午，四川省心理咨询师协会未成年人心理健康促进委员会副秘书、中科院发展与教育心理学博士（在读）、国家二级心理咨询师陈娟老师在学术二厅为我院学前教育卓培班的学生做了题为《培养孩子未来 30 年》的讲座（见图 7-4）。

讲座分为两个部分，"奋斗时光，青春不老""培养孩子未来 30 年"。第一部分，陈老师讲述了自己的大学生活，从业经历，通过国家政策讲述了学前教育将迎来的两个转变，由重"规模"到重"质量"、由"野蛮生长"到

"规范服务"，以及学前教育学生面临的机遇。第二部分，陈老师以三个问题为引，表达了幼儿老师应该用正确的教养方式培养孩子的"信念"的观点。整个讲座过程中，陈老师与同学们进行了多次互动，氛围十分轻松融洽。

陈老师的讲座帮助同学们树立了正确的就业意识，认识到大学时期好好学习专业知识对未来工作的重要性，还通过案例分析让同学们深刻地认识到在培养幼儿的过程中应该注重树立孩子的"信念"这一观点。

（a）

（b）

图7-4　《培养孩子未来30年》——学前卓越讲堂第四期

（三）读书分享

"小图画书里的大世界"

——台湾儿童文学作家余治莹绘本分享会

2019 年 10 月 27 日下午 3 点，台湾儿童文学作家余治莹女士作客南充对山书店，给现场近百人进行了精彩的绘本分享，卓培班 15 名同学也来到分享会进行学习（见图 7-5）。

本次分享会余老师围绕如何带领孩子阅读、该如何选择每个年龄段儿童的绘本阅读等主题展开。分享会一开始，她就先问了在场的大家：孩子需要必备哪些能力？大家纷纷答道有创造力、想象力、共同合作能力等，余老师接着大家的回答具体介绍孩子的七大能力：审辨思考的能力，跨界合作的能力，灵活性，主动进取，高效的口头和书面能力，寻找和分析信息的能力，高度的好奇心和想象能力。七大能力的介绍，让在场的家长、教育者有了对孩子教育的更多了解与期盼。

余老师提到，从前给孩子的阅读要求是学习知识，而现在更多的是学习素养。她总结出素养＝态度＋知识＋能力，素养其实就是能够灵活运用知识的能力，表现在自我学习，解决问题，适应未来等行动中。这给现在的家长和教育者在带领孩子阅读方面提了更多的要求，也给卓培班 15 名同学带来更多幼儿阅读的思考。

余老师在本次分享会中，还展示了几个绘本故事如《大树》《等爸爸回家》等，结合绘本内容具体分析，生动细腻的讲解让全场都听得安静仔细。她强调父母是孩子的第一个阅读老师，是最好的图书提供者，是陪伴者、聆听者，也是引导者、讨论者，孩子和爸爸妈妈的共读十分重要，父母一方都不能缺席。

余老师还现场解答了两位家长对孩子阅读方面的疑惑，告诉家长与孩子可以针对书中的现实问题进行探讨交流，每一次阅读都可以用游戏等方式挑战延长孩子的注意力时间，现场掌声热烈。

分享会于下午 5 点圆满结束，卓培班的杨欣悦同学说，让她记忆最深刻的是余老师提到，送给孩子最棒的礼物是培养他们对阅读的乐趣，阅读力是孩子最棒的能力。

(a)

(b)

图 7-5　分享会合影

（四）见习实习感悟

我在莲池幼儿园的日子

童年生活是一个五彩斑斓的梦，使人留恋，令人向往。在莲池幼儿园见习的日子里，我们像回到了孩童时代。见习生活中发生的一件又一件滑稽、开心、有趣的事，让我们更加疼爱这群孩子、更加热爱这个职业、更加珍惜这份童真！

莲池两月，我们参与了幼儿园的各种活动（见图7-6）。

在与孩子们的相处中，杨霖说："每次见到孩子们的一张张笑脸，我所有的不开心都烟消云散；每次他们向我分享自己的小秘密、向我寻求帮助，我的心情就不自觉地明朗起来。"这就是孩子们的魅力，足以消除我们所有的坏情绪。周芸巧说："每周到莲池幼儿园，就像是去见一群好朋友。"站在充满童真的教室里，应该就是这样的轻松吧。芳草也说："孩子可爱的笑脸、活泼的身影，不断激励着我继续前进。"

（a）

（b）

（c）

（d）

卓越幼儿教师培养的理论研究与实践探索

（e）

图 7-6　莲池幼儿园活动留影

　　我们亦师亦友的跟岗教师，没有半点私藏地指引着我们前进的方向。她们的爱岗敬业、认真负责、真诚亲切都潜移默化地影响着我们。谢海燕说："从老师积极的工作态度里，我受到了正能量的引导，让我对自己今后所从事的行业充满了希望。"王聆妃说："与老师交流的过程中，我明白了，多看多想多问多总结，是见习过程中最重要的学习方法。我会牢记这一点，继续前进。"杨霖说："老师真诚的指导与谈话让我倍感亲切。每一次的经历都让自己觉得未来值得期待。"我们渐渐对幼教行业有了新的期待与希望。但同时也感受到了压力，我们得更加努力，才能成为一名优秀的幼儿教师。

卓培班学生赴顺庆实验幼儿园开展教育实践观摩活动

　　2018 年 11 月 21 日下午，我院卢清教授率"西部农村卓越幼儿教师培养计划"项目组成员组织 2017 级学前教育专业学生赴南充市顺庆实验幼儿园开展教育实践观摩活动。

　　顺庆实验幼儿园蒲世清园长热情接待了我院学子，亲自陪同我院师生参观了实幼户外环境创设，并向同学们介绍了幼儿园的历史、现状、办园理念及特色。同学们有序到大、中、小班对幼儿的区角活动、室内区角环境布置和室外环境创造设计进行了观察（见图 7-7）。实幼的陈民佳老师还为同学们展示了一堂极其精彩的音乐游戏教学活动——《豌豆射手》（见图 7-8），给同学们留下了极为深刻的印象。

此次幼儿园教育实践观摩活动，让同学们通过零距离接触了解到一线幼儿园的教学环境，让学生们获得了更多学前教育专业实践知识。

图 7-7　观摩学生与幼儿玩区角游戏

图 7-8　幼儿园老师开展音乐游戏活动

说走就走的"几幼之行"

撰稿：周芸巧

假如给你五天工作日还不上课的时间，你会想用这五天来做什么呢？

去吃喝玩乐？补觉刷剧？还是说来一场说走就走的短期旅行呢？

2019 年 11 月 5 日，学前教育系 2017 级卓培班班级群里，一条语音消息突然弹出，2017 级卓培班全体同学在 11 月 11 日～11 月 15 日到重庆见习实践一周的消息，瞬间炸开了锅。

所有人都被要去好吃又好玩还好看的"重庆"的激动心情包裹，这感觉就像是即将开启一场说走就走的"集体旅行"。"幸福来得太突然了吧!"

11月10日下午一点,在卓培项目组的卢清教授、刘蕾老师、王越老师三位老师和2017级学前系班主任杨川林博士的带队和护送下,2017级卓培班15名同学正式踏上了这场"说走就走的旅行"——为期一周的重庆市几江幼儿园见习实践。

经过四个小时左右的车程,终于安全抵达了位于重庆市江津区的几江幼儿园。此时天色都已经开始朦胧起来,但同学们的激动和期待丝毫未见,大家和四位老师在几江幼儿园的大门前满心欢喜地拍下了纪念合照(见图7-9)。

(a)

(b)

图7-9 赴几江幼儿园实习合影

合照后,同学们拖着自己行李跟随老师们走进几幼,而迎面而来的"几幼"全貌是既宁静又充满欢乐(见图7-10)。罗婧就感叹道:几江幼儿园就是位于清平巷中的小小乐园,园内的绿色植被随处可见,榕树、枣树、柚子树交错其间，宛如将生活搬进了幼儿园。这不禁也让她想起了陶行知先生的生活教育理论。涂锐说："几幼的一切都是鲜明的，到处是花，到处是树，到处是光，到处是笑。"张李娅说："几江幼儿园是我见到种植水果最多的魔法小城堡。一座楼、一个场地、一块自然探索小天地，应有尽有，井然有序。"

（a）

（b）

（c）

图 7-10　几幼一角

在此次的见习实践中，15 名卓培班同学也分成两支见习实践小分队：方雨薇、杨欣悦、翟敏蛟等 13 名同学在几江幼儿园本园进行五天的见习实践，周芸巧、杨霖、杨旭三名同学在几江幼儿园鼎山分园。两个园区、两支见习小分队、15 名卓培班同学，面对几江幼儿园优秀的教师团队、优美的生态园所环境、丰富独特的户外民间游戏、各式的环创等，收获真的是太多太多。翟敏蛟谈到，她在"几幼之行"中最受触动的是几幼温暖美好的师幼关系。教师对每一个孩子都贴心照顾、真心关怀，真正做到了"以幼为本"。黎晨曦说她最深刻的是几幼的一位老师开展的一次语言活动。从思考流程，到准备玩教具，最后到活动呈现，环环相扣，结构严谨。教师组织活动时语音语调抑扬顿挫，不仅是牢牢抓住了孩子们的兴趣，也勾住了她的兴趣。

（a）

（b）

图 7-11　见习场影

在几幼五天的见习实践，对于 15 名同学来说，无不因为快乐和充实而显得格外短暂。就像见习实践结束后杨霖和方雨薇说的："总有些惊奇的际遇，每一次的遇见都是一份幸福，和孩子们一起成长，很幸福，很感谢几幼的老师和孩子，也感谢自己。""短短一周，从西师至江津，从一张张陌生的脸庞到亲切地唤出名字，从跟随研学探讨到看到课程实施，几幼之情，蕴传统，暖人心。"

这一场说走就走的"几幼之行"风景可谓是"美不胜收"。每一幅风景对于卓培班的同学们来说都是一次崭新的体验。每一次的体验都将为之后奋斗前进道路的方向点亮崭新的明灯。

最后，以杨欣悦同学的话给本次 17 级卓培班"几幼之行"结尾：坚决不做技能不成、理论不就的人；坚决不做在还没有去求职时，就已经被淘汰的人！

2017级卓越幼儿教师培养实验班"一对一"跟岗培训
与莲池幼儿园一线优秀教师成功对接

2019年9月3日下午3点，学前与初等教育学院西部农村卓越幼儿教师培养实验班（简称"卓培班"）首席专家卢清教授、史丽君老师带领2017级卓培班成员赴南充市莲池幼儿园，与莲池幼儿园老区副园长于丽园长以及多位一线优秀幼儿教师一同召开卓培班"一对一"跟岗培训座谈会（见图7-12）。

（a）

（b）

图7-12　座谈会合影

首先卢清教授对莲池幼儿园园长以及老师们为我院卓越幼儿教师培养计划提供的大力支持表示了感谢。围绕卓越幼儿教师培养的目标计划，向老师们做了进一步的介绍。同时指出，此次"一对一"的跟岗培训是希望保证同学们每周都能走进幼儿园，跟随一线的老师接触到更多的实际操作性的知识，能够及时将所学理论与实践结合起来，促进同学们真正的卓越成长。随后，莲池幼儿园老区副园长于园长也表示莲池幼儿园非常重视此次与我院的合作，并简单地介绍了参与卓培计划的莲池幼儿园的骨干教师。9名卓培班同学根据自己喜欢的幼儿园活动领域和老师们的专业领域，与一线的老师们进行双向选择。剩下的6名卓培班同学随即跟随卢清教授和史丽君老师前往莲池幼儿园清泉分园。正在莲池分园检查工作的胡伶俐园长为老师和同学们们详细介绍了莲池幼儿园对于卓培班学生的培养计划，并亲自介绍了每一位指导老师，希望通过在幼儿园扎扎实实地学习，同学们能够获得长足的进步。最终确定了我院2017级卓培班的15位同学与莲池幼儿园15组一线指导教师队伍结成了"一对一"式跟岗培训。座谈会也在老师和同学们一一对应的深入交谈中结束。

此次与莲池幼儿园的合作，让卓培班的同学们与幼儿园工作的一线紧密地联系了起来，也将2017级卓培计划带入了一个新的阶段。相信也会带领2017级卓培班的同学们变得更加卓越！

第八章 卓越幼儿教师培养成效

经过近五年的教学改革，截至 2021 年 12 月，卓越幼儿教师培养取得了明显的进步，具体表现在以下几个方面。

一、近三年学生就业（升学）情况

近三年卓越幼儿教师培养学生就业（升学）情况见表 8-1。

表 8-1 近三年卓越幼儿教师培养学生就业（升学）情况

年份	毕业生人数	境内升学人数	境外升学人数	就业人数	自主创业人数
2020 年	204	23	0	178	0
2019 年	219	25	2	180	3
2018 年	175	17	1	143	10

数据来源：2018—2020《西华师范大学毕业生就业质量年度报告》。

二、学生考研情况

2019、2020、2021 年卓越幼儿教师培养学生考研情况如图 8-1 所示：

2019年学院报送毕业班考研情况统计表（分专业统计）

学院	专业	本专业毕业生总人数（除去公费师范生）	报考人数（除去公费师范生）	上线人数（除去公费师范生）	录取人数（除去公费师范生）	985高校、中科院研究所录取人数	高校录取数/毕业生	备注
	学前教育	218	83	38	28	1	5	12.84%

2019年全校学生考研情况汇总表

学院	毕业生总人数（除去公费师范生）	报考人数	上线人数	录取人数	专业录取人数（一本）	专业录取人数（二本）	录取人数（男生）	录取人数（女生）	985高校、中科院研究所录取人数	211高校录取人数	保研人数	保研中985高校、中科院研究所录取人数	保研中211高校录取人数	2019年考研率（录取人数/毕业生总人数）	备注
学前与初	389	129	58	48	28	20	0	48	1	15	7	0	7	12.34%	

备注：1、本学院一本专业录取人数加上二本专业录取人数要等于本学院录取人数。
2、本学院录取男生人数加上录取女生人数要等于本学

（a）

学前与初等教育学院2020年被录取为硕士研究生学生的基本情况统计表

学院	姓名	学号	班级	专业	性别	考取大学	考取大学所在学院所读专业	类型	学硕/专硕	是否211	是否985中科院
学前与初等教育学院	邓雪	20161414010104	2016级1班	小学教育	女	南京师范大学	课程与教学论	保送	学硕	是	否
学前与初等教育学院	杨艳	20161414010130	2016级1班	小学教育	女	南京师范大学	小学教育	保送	专硕	是	否
学前与初等教育学院	郝学倩	20161414010126	2016级1班	小学教育	女	南京师范大学	教育学原理	考取	学硕	是	否
学前与初等教育学院	王舒馨	20161414010119	2016级1班	小学教育	女	伦敦大学学院	教育学院教育专业	考取	专硕	否	否
学前与初等教育学院	杨高	20161414010127	2016级1班	小学教育	女	西华师范大学	教学科学学院教育学原理	考取	学硕	否	否
学前与初等教育学院	吴平	20161414020224	2016级2班	小学教育	女	四川师范大学	教育学原理	考取	学硕	否	否
学前与初等教育学院	王春岚		2016级2班	小学教育	女	西藏大学	少年儿童组织与思想意识教育	考取	学硕	否	否
学前与初等教育学院	宋富利	20161414020220	2016级2班	汉语国际教育	女	成都信息工程大学	文化艺术学院	考取	学硕	否	否
学前与初等教育学院	李修梅	20161414020212	2016级2班	小学教育	女	江汉大学	心理与行为科学系心理学专业	考取	学硕	否	否
学前与初等教育学院	唐小培	20160914020240	2016级2班	小学教育	女	陕西师范大学	小学教育	考取	专硕	是	否
学前与初等教育学院	刘雪霜	20161414020213	2016级2班	小学教育	女	西南大学	特殊教育	考取	学硕	是	否
学前与初等教育学院	刘静	20161414020214	2016级2班	小学教育	女	重庆大学	公共管理学院应用心理学专业	考取	专硕	是	是
学前与初等教育学院	张娟	20161424030333	2016级3班	学前教育	女	西藏农牧学院	资源与环境学院 水土保持与荒漠化	考取	学硕	否	否
学前与初等教育学院	贺幸福	20161424030312	2016级3班	学前教育	女	四川师范大学	教育科学学院教育学原理	考取	学硕	否	否
学前与初等教育学院	蒲晓玲	20161424030319	2016级3班	学前教育	女	北京师范大学	学前教育	考取	学硕	是	是
学前与初等教育学院	蒋春希	20161424030307	2016级3班	学前教育	女	首都师范大学	教师教育学院心理健康教育	考取	学硕	否	否
学前与初等教育学院	杨艺	20161424030330	2016级3班	学前教育	女	西华师范大学	马克思主义学院思想政治教育	考取	学硕	否	否
学前与初等教育学院	杨鸿瑜	20161424030329	2016级3班	学前教育	女	湖南大学	教育学原理	保送	学硕	是	否
学前与初等教育学院	徐佳	20161424030327	2016级3班	学前教育	女	西南大学	高等教育学	考取	学硕	是	否
学前与初等教育学院	李星婷奕	20161434040318	2016级4班	学前教育	女	阿德莱德大学	教育学院教育学专业	考取	专硕	否	否
学前与初等教育学院	田红	20161424040410	2016级4班	学前教育	女	南京师范大学	教育科学学院学前教育	保送	专硕	是	否
学前与初等教育学院	李晴	20161424040415	2016级4班	学前教育	女	西南大学	教育学部学前教育	保送	专硕	是	否
学前与初等教育学院	赵露鑫	20161424040432	2016级4班	学前教育	女	西华师范大学	文学院中国古代文学	考取	学硕	否	否
学前与初等教育学院	张谨怡	20161424040406	2016级4班	学前教育	女	重庆师范大学	教育科学学院教育学原理	考取	学硕	否	否
学前与初等教育学院	代国琴	20161424040404	2016级4班	学前教育	女	宜宾文理学院	政法学院	考取	专硕	否	否
学前与初等教育学院	李炊	20161424040413	2016级4班	学前教育	女	西华师范大学	教育学院学前教育	考取	学硕	否	否
学前与初等教育学院	周雅君	20161424040534	2016级4班	学前教育	女	四川师范大学	学前教育	保送	学硕	否	否
学前与初等教育学院	董晓璐	20161424040504	2016级4班	小学教育	女	重庆师范大学	小学教育	考取	专硕	否	否
学前与初等教育学院	林慧妍	20161412060513	2016级6班	小学教育	女	重庆师范大学	教育学院教育学原理	考取	学硕	否	否
学前与初等教育学院	袁玲	20161412060512	2016级6班	小学教育	女	西华师范大学	学前教育	考取	学硕	否	否
学前与初等教育学院	赵佳敏	20161412060627	2016级6班	小学教育	女	西北农林大学	园林植物与观赏园艺	考取	学硕	是	否
学前与初等教育学院	万婷	20161412060626	2016级6班	小学教育	女	西华师范大学	教育学院学科教学（语文）	考取	专硕	否	否
学前与初等教育学院	邹利	20161412060601	2016级6班	小学教育	女	贵州师范大学	教育学院小学教育	考取	专硕	否	否
学前与初等教育学院	彭潇洁	20161412070740	2016级7班	小学教育	女	西华师范大学	外国语学科教学（英语）	考取	专硕	否	否
学前与初等教育学院	吴丘云	20161412070725	2016级7班	小学教育	女	西华师范大学	教育心理健康教育	考取	专硕	否	否
学前与初等教育学院	陈慕	20161412070739	2016级7班	小学教育	女	西华师范大学	教育学院小学教育	考取	专硕	否	否
学前与初等教育学院	窥玲	20161412070714	2016级7班	小学教育	女	西华师范大学	教育学院小学教育专业	考取	专硕	否	否
学前与初等教育学院	徐鸿燕	20161412070729	2016级7班	小学教育	女	西华师范大学	教育学院小学教育	考取	专硕	否	否
学前与初等教育学院	彭蕊	20161422080814	2016级8班	学前教育	女	重庆师范大学	教育科学学院学前教育	考取	专硕	否	否
学前与初等教育学院	陈晓蔚	20161422080827	2016级8班	学前教育	女	西华师范大学	教育学院学前教育学	考取	学硕	否	否
学前与初等教育学院	程郁璐	20161422080835	2016级8班	学前教育	女	西华师范大学	教育学院学前教育学	考取	学硕	否	否
学前与初等教育学院	朱璧	20161422080811	2016级8班	学前教育	女	西华师范大学	教育学院学前教育学	考取	学硕	否	否
学前与初等教育学院	贾雷源	20161422080824	2016级8班	学前教育	女	西华师范大学	教育学院学前教育学	考取	学硕	否	否
学前与初等教育学院	李娜	20161422090932	2016级9班	学前教育	女	西华师范大学	教育学院学前教育学	考取	学硕	否	否
学前与初等教育学院	李娜	20161422090932	2016级9班	学前教育	女	成都大学	历史文化学院	考取	专硕	否	否
学前与初等教育学院	张慧芳	20161422090928	2016级9班	学前教育	女	西华师范大学	教育科学学院学前教育	考取	学硕	否	否
学前与初等教育学院	王梦媚	20161421010	2016级10班	学前教育	女	四川师范大学	教育科学学院	考取	学硕	否	是

016级毕业生总数：356人，共两个专业：学前教育、小学教育。
专升本数据：小学教育专业6、7班，共88人；学前教育专业8、9、10班，共103人。专升本191人（2016级6-10班）；非专升本165人（1-5班）。

（b）

专业 年份	学前教育		
	就业率	考研率	总人数
2016 年	97.01%	5.97%	134
2017 年	98.2%	15.10%	172
2018 年	98.27%	10.34%	174
2019 年	96.33%	12.84%	218
2020 年	87.25%	11.27%	204

(考研率指考研录取率)

（c）

图 8-1　2019—2021 年卓越幼儿教师培养学生考研情况

三、教学比赛获奖

卓越幼儿教师培养学生参加教学比赛获奖情况及证书如图 8-2 所示：

姓名	奖项名称	获奖等级
黎晨曦	2020 年四川省师范生教学能力大赛	一等奖
申倩琳	2015 年四川省师范生教学能力大赛	一等奖
曾丽雯	2015 年四川省师范生教学能力大赛	一等奖
陈秋霞	2017 年四川省师范生教学能力大赛	二等奖
于佳伶	"华文杯"全国师范生学前教育教育能力测试	一等奖
巽志远	"华文杯"全国师范生学前教育教育能力测试	二等奖
付荔梅	"华文杯"全国师范生学前教育教育能力测试	二等奖
王铃玉	"华文杯"全国师范生学前教育教育能力测试	三等奖

（a）

获奖证书

(b)

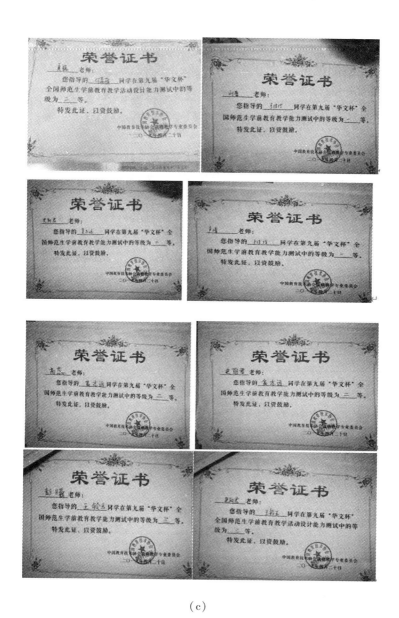

（c）

图8-2　卓越幼儿教师培养学生参加教学比赛获奖情况及证书

四、创新创业成果

（一）创新创业立项

卓越幼儿教师培养学生创新创业立项的名单见图 8-3。

序号	项目负责人姓名、学号	项目名称	项目编号	立项级别	立项年份
1	刘宁欢201714140215	有"性""童"行—儿童性教育绘本	201910638019x	国家级	2019
2	汪杨201714140225	牙牙学"育"——口腔护理绘本（乡村儿童版）	S201910638099X	省级	2019
3	王清201714140228	智链家-基于全息投影和3D打印技术下的家教平台	S201910638082X	省级	2019
4	李磊201914140314	"沉睡"秘密（儿童绘本）	cxcy2020125	校级	2020
5	薛丹 201814140327	麦多吉儿童剧团	cxcy2020122	校级	2020
6	魏冰洁	儿童数字涂画英语绘本	cxcy123	校级	2020
7	贾丹201814140210	小火车"当当"——3—7岁孩子的垃圾分类、环保教育绘本	cxcy2020132	校级	2020
8	王春燕201814140229	家庭氛围以及家庭成员行为对儿童成长的影响的研究	cxcy2018193	校级	2020
9	张妮雯201714140339	农村留守生活自理能力研究及对策——以南充市高坪区为例	cxcy2020130	校级	2020
10	王冰倩201714140226	《威邻进城务工家庭儿童幼小衔接现状调查研究——以四川省南充市本乡为例》	cxcy2018190	校级	2018
11	葛修林 201714140306	天梯上的孩子——关于凉山州阿土勒尔村留守儿童幸福指数的社会调研	cxcy2017092	校级	2017
12	卢睿（商学院）	向蔺波者说书	cxcy2020121	校级	2020
13	赖李桃 201714140315	早恋对小学生的影响研究——以南充两所小学为例	cxcy2018182	校级	2018
14	张娅雯 201714140339	农村留守儿童生活自理能力研究及对策——以南充市高坪区为例	Cxcy2020130	校级	2020
15	刘磊201714140217	"Language Bridge"聊天学习APP	cxcy2017091	校级	2017
16	韩蕾201714140113	农村小学生汉字书写现状调查研究——以南充市顺庆区顺河乡为例	cxcy2020129	校级	2020

（a）

西华师范大学2018年国家级省级2017年校级大学生创新创业项目名单

序号	项目负责人	项目名称	立项级别
1	刘欣	孔明灯（SkyLanterns）公益组织	国家级
2	邓红艳	西南农村地区早婚早育家长的教育调查研究	国家级
3	邱宜	农村二孩家庭家长教育观念调查研究	省级
4	李音	城市3-6岁幼儿家庭亲子阅读的现状及对策研究	省级
5	巢志远	家园合作的问题及对策研究——以南充市两所幼儿园为例	省级
6	周晶晶	手机竞技游戏对小学生的影响研究	省级
7	杨亚男	四川嘿逗文化传媒有限公司	省级
8	周晓玲	"ATC"儿童服务项目——基于O2O电子商务模式	校级
9	赖春梅	基于读写绘一体化的幼小衔接模式	校级
10	彭敬仪	川东北地区民间儿童文学在3-6岁儿童中的流传现状调查	校级
11	任龙雪	凉山地区农村留守儿童学业问题的研究	校级
12	杨鸿梅	兔宝宝二手玩具店	校级
13	刘蔚	"Language Bridge"聊天学习APP	校级
14	葛修林	天梯上的"孩子"——关于凉山州阿土勒尔村留守儿童幸福指数的社会调研	校级
15	王彦淇	孔明灯心愿箱	校级
16	蒋玉平	"绿色手掌"幼儿全生态托管机构	校级

（b）

西华师范大学2019年国家级省级2018年校级大学生创新创业项目名单

序号	项目负责人	项目名称	立项级别
1	刘娴雯	大学生传统文化与艺术进校园现状及对策--以南充三所大学为例	国家级
2	刘宁欢	有"性""童"行——儿童性教育绘本	国家级
3	邓兵兵	朋辈文化在高校学生干部队伍建设的应用研究	省级
4	张富康	七彩糖儿童剧团——儿童剧改编、创编、指导、表演	省级
5	汪杨	牙牙学"育"——口腔护理绘本（乡村儿童版）	省级
6	李海铭	巴中革命老区农村小学校园欺凌的现实处境及防治措施	省级
7	张富康	七彩糖儿童剧团——儿童剧改编、创编、指导、表演	省级
8	栗冬丽	天使宝贝服务平台	校级
9	李莉	"熊猫盒子"教育计划	校级
10	樊睿	国际蒙氏教育与中国本土化蒙氏教育的对比研究	校级
11	彭婷	关于幼儿入园焦虑及入园分离问题研究调查报告	校级
12	李沛璇	幼儿园安全检测及措施的实施现状及问题调查研究——基于顺庆区10所幼儿园的实证分析	校级
13	赖李杭	早恋对于小学生的影响研究——以南充两所小学为例	校级
14	余婷	天使的翅膀，谁来捍卫?——关于中国当代儿童性教育缺失所引发的思考	校级
15	罗柯岚	南充市主城区幼儿教育培训机构的现状调查研究	校级
16	陈雪瑞	智乐模型开发培训工作室	校级
17	杨欣悦	熊猫快乐营	校级
18	王冰倩	城郊进城务工家庭儿童幼小衔接现状调查研究——以四川省南充市木老乡为例	校级
19	王梓莉珊	小学生线上教育学习自我效能感影响因素研究	校级
20	敬丽君	亲子关系现状及问题调查报告——以南充4所幼儿园为例	校级
21	王春燕	家庭氛围以及家庭成员行为对儿童成长的影响的研究	校级
22	王清	智链家教—基于全息投影和3D打印技术下的家教平台	校级

(c)

西华师范大学2020年国家级省级2019年校级大学生创新创业项目名单

序号	项目负责人	项目名称	立项级别
1	涂锐	光雾山留守儿童关爱中心	国家级
2	李艳	椿晗留守儿童绘画展	国家级
3	滕雨荷	西华师范大学童心绿扬心理教育团队	省级
4	朱元杰	梦马VR生涯体验馆	省级
5	姜紫珊	四川嘉韵艺术文化传播有限公司	省级
6	罗雪	渠县乡村儿童童话小屋	省级
7	薛丹	麦多吉儿童剧团	校级
8	魏冰洁	儿童数字油画英语绘本	校级
9	李馨悦	天兴村乡村留守儿童政策调研报告	校级
10	李磊	"沉睡"的秘密（儿童绘本）	校级
11	马莉亚	多功能童靴	校级
12	梅婷	变换黑板擦	校级
13	黄艳	"童伴妈妈"社会专题研究	校级
14	韩蕾	农村小学生书写现状调查研究——以四川省南充市顺庆区顺河乡为例	校级
15	张娅雯	农村留守儿童生活自理能力研究及对策——以南充市高坪区为例	校级
16	蒋林美	儿童防拐骗绘本	校级
17	贾丹	小火车"当当"——3-7岁孩子的垃圾分类、环保教育绘本	校级
18	杜天凤	川陕革命老区学前儿童社会能力的现状调查—以南充为例	校级
19	徐珊	成都市xx区托育机构现状调查研究	校级

(d)

图 8-3　卓越幼儿教师培养学生创新创业立项的名单

卓越幼儿教师培养学生创新创业项目立项证书（部分）见图8-4。

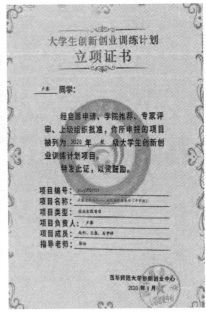

（a）

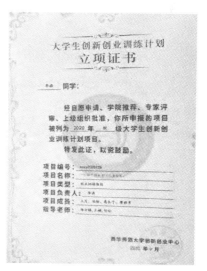

（b）

图 8-4　卓越幼儿教师培养学生创新创业项目立项证书

（二）创新创业获奖

卓越幼儿教师培养学生创新创业获奖证书如图 8-5 所示：

（a）

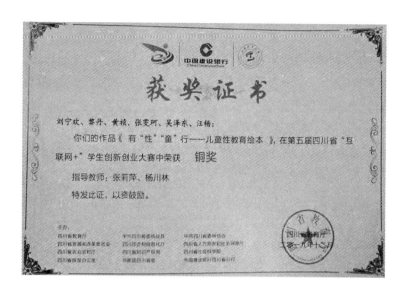

（b）

图 8-5　卓越幼儿教师培养学生创新创业获奖证书

五、卓越幼儿教师培养学生作品展示

作品一：绘本

1. 《云中住着小精灵》

绘本《云中住着小精灵》如图8-6所示：

- ●**绘本名称**：《云中住着小精灵》
- ●**绘本构成**：由封面、环衬、扉页、正文、封底五部分构成
- ●**绘本简介**：《云中住着小精灵》这个绘本由云和小精灵两个主人公构成，讲述小精灵睡着了，梦见云变成不同形状的小动物和她一起玩耍的美好故事。
- ●**绘本寓意**：1、感受小精灵和云朵之间友谊的美好
- ●2、表现云朵的变化无穷
- ●3、加深小朋友对不同动物形象的认识
- ●**绘本特点**：1、梦中虚幻的动物我们用棉花表示，突显其飘渺性和朦胧之感。
- ●2、绘本首尾呼应，四个动物从头至尾以不同的形式穿插其中 使文章结构更加完整

（a）

目录
CONTENTS

 绘本介绍

 绘本内容

(b)

（c）

（d）

（e）

（f）

（g）

（h）

（i）

（j）

（k）

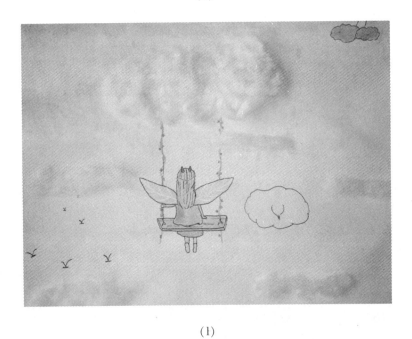

（1）

图 8-6　《云中住着小精灵》绘本

2.《自信的吉布》

小组成员：

2018级田禧蕊、彭婷、宋鑫、滕雨荷

作品简介：

本作品是原创绘本《自信的吉布》，旨在通过绘本故事使幼儿的语言能力得到发展。

《纲要》中的语言领域中提到"创造一个自由、宽松的语言交往环境，支持、鼓励、吸引幼儿与教师、同伴或其他人交谈，体验语言交流的乐趣，学习使用恰当的、礼貌的语言交往""利用图书、绘画和其他多种方式，引发幼儿对书籍、阅读和书写的兴趣，培养前阅读和前书写技能"。因此，我们将这次的作品形式定为布艺绘本，在符合《纲要》中的要求的同时，相较于纸质书籍而言，布制品不容易被毁坏，其次，当幼儿在进行绘本阅读时，也含有角色的扮演在其中，因而此时的幼儿更加倾向于向同伴和教师分享自己的所看所想所感所思。同时，中班的幼儿正处于语言能力迅速发展的阶段，本次绘本针对的年龄段为中班。

制作手法：剪裁、绘画

制作材料：A4纸、水彩笔、勾线笔

创作步骤：

（1）构思主题——关注当代幼儿的心理健康发展——自信——原创绘本《自信的吉布》（见图8-7）。

（2）选材——自信成长，接纳自我。

（3）主体框架。原创绘本《自信的吉布》贯穿全文，还原绘本中的故事情景，让幼儿身临其境去感受故事主人公吉布的心情变化过程，找回心中的自信。

（4）背景选择。我们将每一个故事中的场景都尽量真实地进行还原，同时我们还会根据具体的人物，场景色彩进行搭配，尽量使整个场景的色彩搭配更加的协调美观，采取冷暖色彩交替搭配来选择我们故事的背景布的颜色。

（5）人物的设计。刚开始我们的构思是将场景里每一个人物都还原出来，但是到了制作的后期，我们发现工程量十分巨大，因为每一个人物需要花费的时间很多，所以我们商量，决定从多个场景中出现的人物选取其中几个就可以了，这样就可以减少一些工作量，并且我们可以把这部分的时间和精力花在这几个人物身上，更加细致地去完善她们。这几个人物，我们有些是按照原型刻画，还有一些细节部分我们选择听取老师的意见进行夸张化，这样更加能够吸引幼儿的兴趣，将幼儿带入到我们的故事情景中来。

（6）背景系列的刻画。对于背景的刻画，我们采用立体加平面的方式，静中有动，动中有静，二者相结合使得整个场景更加的立体，这样可以很好地将我们所学的美术知识融入其中。

（7）装订。将原创绘本装订成册。

操作方法：

①教师引导。

教师先进行语言领域的集体教学活动，用平面的手绘本，引导幼儿理解《自信的吉布》故事的主要内容和故事情景，了解出现了那些人物，熟悉场景。

②幼儿亲身感受。

让幼儿分享自己的生活经验，感同身受，产生共鸣。从而让幼儿更加的自信，愿意接纳自我，承认自我。

③幼儿展示。

经过自己的练习后，可以与同伴互相讲述，也可以在讲台上大胆讲述，教师及时评价鼓励，培养幼儿自信。

后续教育意义：

①幼儿自己复述绘本故事有利于幼儿增进语言学习。透过绘本故事的复述，孩子从中体会语言之美，并丰富语汇。孩子一旦享受绘本的乐趣，必会不断地问问题，不断表达自己心中的想法，老师也会以感情洋溢的丰富语言响应，无形中促进孩子沟通与表达能力的发展。幼儿通过操作玩偶与绘本中的故事情节相互联系，推动幼儿语言能力的发展，丰富其社会经验。

②有利于幼儿完美人格的塑造。幼儿通过自己讲述绘本故事，逐渐学会绘本中主人翁的自信，成长，接纳。为幼儿提供观察性，思考性，感受性的认知学习经验。开发和培养幼儿的情商。

③绘本中有不同的故事情节。绘本为幼儿生活经验，孩子的生活经验大都局限在周遭的家人与朋友关系间，然而绘本的内容多彩多姿，孩子可以从中体会到不同的生活方式，不同的人事物，甚至人性百态。许多无法直接接触的生活体验，透过绘本的媒介，间接地让孩子了解与体会，无形中开阔视野，丰富生活体验。

④有利于激发幼儿的创造力。幼儿通过自己操作玩偶讲述或者复述故事，有利于幼儿想象力和创造力的发展。

⑤为幼儿提供艺术的熏陶。绘本中的画比较精美，绘本中调和的色彩可以陶冶孩子心性，创造视觉效果的艺术品。具有涵养美学绘本教你发现"艺术"，发觉"艺术"，发扬"艺术"，从而享受"艺术"。

（a）

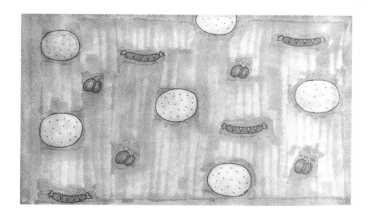

（b）

（c）

（d）

（e）

（f）

（g）

（h）

（i）

（j）

（k）

（l）

（m）

（n）

（o）

（p）

图 8-7 《自信的布吉》绘本

3. 《新冠肺炎》

绘本《新冠肺炎》见图 8-8。

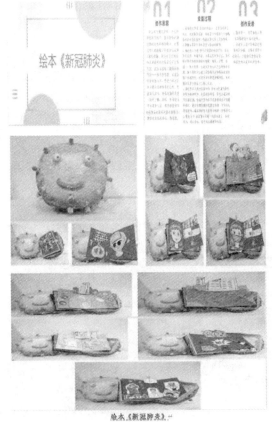

图 8-8 《新冠肺炎》绘本

作品二：音乐创编

201614240329　杨鸿楣

清晨多美好

$1=C\frac{2}{4}$

活泼的，欢快的

杨鸿楣词曲

歌曲简介 本歌描述的是一个阳光明媚的早晨，小朋友欢欢喜喜地去上幼儿园的场景。本歌的灵感来得十分突然，那几天都在单曲循环类儿歌，晚上睡觉时突然脑海中有了旋律，就录下来哼的歌，第二天去琴房弹了出来。因为有一天早上去琴房正值幼儿园上学，就填了这些词。

乐曲结构：A＋B＋C＋B。

我们都是好孩子

1=C $\frac{2}{4}$

词曲：黄露

欢快地·活泼地

（ 1 1 7 6 5 4 2 | 4 5 4 5 4 3 1 — ）

5. 6 5. 3 1 6 5 | 5 6 5 6 5 1 7 —
我们 都是 好孩子 吃 饭 不闹 不乱跑

4. 5 4 2 7 6 5 | 5 6 5 6 5 1 —
不挑 不拣 不偏食 不要 随便 吃零食

6 6 1 6 5 3 5 | 4 6 5 4 3 —
客人 来了 先 问好 告别 道再见

1 1 7 6 5 4 2 | 4 5 4 5 4 3 1 —
公共 场所 讲礼仪 做个 文明 小朋友

为了让幼儿能够在学习儿歌的同时，总习到基本的礼貌礼仪规范，
幼儿可以在欢快的节奏中更进一步地加深印象，也可用做音乐游戏背景。

小儿垂钓

作词：唐 胡令能
作曲：李晴

中速 活泼地

蓬头 稚子学垂纶，

侧坐 莓台草映身。路人 借问遥招手，怕得鱼惊不应

人。

（白）蓬头 稚子学垂纶， 侧坐莓台草映身。 路人借问遥招

手， 怕得鱼惊不应人。 怕得

鱼惊不应人。

乐谱结构：《小儿垂钓》主要分为 A+B 两个大的乐句。A乐句为前面唱的部分，又可分为 A+B 两个小的乐句，以两句古诗为一句；B乐句为后字部分的朗诵独白，为一个大乐句。

创作灵感及意图：创作灵感来源于一档新的综艺节目--《经典咏流传》，主要是对古诗词进行重新编曲演唱，使经典再次流传。中国古典诗词有深刻的内涵，其对仗工整，语言高度凝练，富有音韵之美，朗朗上口。其中不乏有大量适合儿童学习的古诗词，内容简单易懂，读起来平仄押韵，是儿童歌曲创作的好素材。采用歌曲的形式来表达古诗词，即为古诗新唱。既方便儿童学习理解吟唱，又赋予古诗词新时代的特色，使经典永流传。

花城

词曲：刘勤

1=C 4/4
抒情地

(i－－ 3̲ | i－－－) | 1 3 3 5 | i. 7̲6̲ 5 | 2 4 4 6 | 2̇. i̲̇ 7̲ 6 |

我 家 住 在 攀 枝 花 呀 那 里 是 用 花 儿 命 名

5 4 3 2̲ | i. 7̲ i̲3̲ | 4 3 2̲ i̲ | 7. 6̲7̲ 2̲ | i－－ 3̲ | i－－－ ‖

金 沙 江 畔 芒 果 之 乡 阳 光 花 城 美 丽 动 人 我　 爱 她

歌曲结构：A+B

编创灵感：我的家乡攀枝花是坐落于金沙江畔以花儿命名的城市，同时攀枝花也是盛产水果的地方；这首儿歌承载着我对家乡的热爱，也承载着我对家人的思念，我想用简单的儿歌向幼儿介绍我的家乡，也想让他们了解攀枝花的美丽。

作品三：手工作品
手工作品如图8-9所示。

（a）

（b）

（c）

图8-9 手工作品

作品四：绘图

绘图作品如图 8-10 所示。

（a）

（b）

（c）

图 8-10　绘图作品

第九章 卓越幼儿教师培养的再思考
——对策与建议

我国卓越幼儿教师培养及课程建设还处于初步研究阶段，因而存在问题是必然的，重要的是能够不断改进问题，从而不断推进和提升卓越幼儿教师培养的质量。根据当前幼儿园、社会、家庭和学生对卓越幼儿教师的要求，我们应从学前教育专业课程和教师教育设置目标、课程结构、课程内容及教育实践等方面提出优化对策。

一、理解卓越幼儿教师培养要求，合理设置培养目标

培养目标的定位对整个课程体系的建设、实施以及评价都具有引领性的作用。一个布局合理的培养目标，对于课程设置来说就如同失去方向的船只，随波逐流①。建设一支高素质专业化创新型的卓越幼儿教师队伍是一个长期发展的过程，一方面各个院校要因校制宜地合理定位，遵循卓越幼儿教师专业化成长阶段规律，明确阶段性培养目标；另一方面要把握时代性和前瞻性，与时俱进地完善培养目标。

（一）因校制宜地合理定位，明确阶段性培养目标

在当前社会对学前教育专业人才需求多样化的形势下，高等师范院校应当重视学前教育专业课程设置，满足社会发展需求，因校制宜地定位学前教育专业的人才培养目标，从而保证各个高等师范院校学前教育专业人才培养质量，有效保障学前教育专业的长久发展。

---

① 成映洁. 江苏省高等师范院校中学教师教育类课程设置研究［D］. 南京：南京师范大学，2017.

人才培养目标是其他教学活动开展的基础，只有在清晰人才培养目标后，才能有效开展课程设置及教学活动。通过前文分析发现，当前我国高等师范院校在人才培养目标方面存在"同质化"倾向。不同层次、不同类型的高等师范院校学前教育专业在人才培养目标的表述方面差异不大、同质化现象普遍存在，其根本原因就在于各个高校学前教育专业人才培养定位不明确①。大多数高等师范院校的学前教育专业人才培养方案都是按照《普通高等学校本科专业目录和专业介绍》中对学前教育专业的培养目标说明加工而成："培养具备学前教育专业知识，能在托幼机构从事保教和研究工作的教师、学前教育行政人员以及其他相关机构的教学、研究人才。"② 这样的职业发展领域虽然具有一定的指向性，但目标涵盖的内容过于宽泛，也会致使课程设置内容缺乏统一规划和安排。各个层次高等师范院校应当把握自身的办学资历及人文环境特点，充分体现学前教育专业的独特性和专业性，准确定位各自不同属性院校的人才培养目标。

如果说基础教育主要是培育和提升人的素质，那么对于高层次的教育的高等教育来说，高等教育的使命就应主要是赋予人超越现实的理想、培养人改造社会的能力③。因而，各个高校在培养理念上要把握《幼儿教师专业标准（试行）》《教师教育课程标准（试行）》及《师范类专业认证标准（暂行）》中的基本理念，遵循师德为先、幼儿为本、重视保教知识和能力的培养、培养学生终身学习和自主发展意识，以践行师德、学会教学、学会育人、学会发展的高素质专业化创新型卓越幼儿教师为目标，以专业实践能力的培养为主线，将专业理论教育与专业技能训练有机结合，教育理论与教育实践有机融合，体现出高等师范院校学前教育专业人才培养的师范性及创造性。具体而言，部属高等师范院校作为学前教育专业发展的领头羊，抓住院校起点高、办学资历久的优势，今后在人才培养目标上更加关注学生综合素养和突出课程实践取向特点；省属高等师范院校作为学前教育专业培养的中坚力量，在人才培养目标上更倾向于向高一级学校输送人才，今后在人才培养目标中应当凸显科研型人才培养方向，兼顾学术型和应用型人才培养，重视学前教育专业学生学科基础及专业核心素养的培养；地方高等师范院校作为国家办在地方的高等院校，理应

---

① 徐韵雯. 我国"一流大学"本科人才培养目标趋同［J］. 文教资料, 2018（19）：129-130.

② 中华人民共和国教育部高等教育司. 普通高等学校本科专业目录及专业介绍：2012年［M］. 北京：高等教育出版社, 2012.

③ 皮军功. 创新幼教实践：专业学前教育专业人才培养的核心目标［J］. 学前教育研究, 2012（12）：57-60.

主动适应和满足当地经济和社会发展需求，培养和输送学前教育专业发展的应用型、技能型人才。

目前，国家尚未规定统一关于卓越幼儿教师的培养的课程设置和培养模式，因而高校的学前教育专业对于卓越幼儿教师培养也依旧处于探索阶段。根据卓越幼儿教师专业化阶段要求，高校可以设置明确的阶段性培养目标，以追求"卓越"为终极目标培养学前教育专业学生。例如，美国经过多年的教师专业标准制定和实施，分阶段、分类别地制定了卓越科学教师培养标准：在职科学教师专业标准的《国家科学教育标准》、职前科学教师的《科学教师培养标准》以及卓越科学教师的《NBPTS 少年儿童科学（教学）标准》（11~15岁）和《NBPTS 青少年科学（教学）标准》（14 岁到 18 岁以上）等①。对于卓越幼儿教师培养，我们也可以在高等师范院校培养阶段对学前教育专业学生提出明确的目标要求，进行质量标准的衡量和保证，遵从卓越幼儿教师专业化成长路径，保证学前教育专业人才培养质量，推动卓越幼儿教师培养进程。

（二）把握时代特性与前瞻性，与时俱进地完善培养目标

在世界范围内，"教师质量"已成为教育改革关注的重点。美国自 20 世纪 80 年代初的"教育改革浪潮"以来，教育界、科学界和社会大众一直把提高教师质量作为改善教育质量的关键和教育政策的重点。随着"师范教育"走向"教师教育"的国际教育发展趋势，我国开放性、终身性的"教师教育"新体系正在取代原有的"师范教育"体系②。因而高校学前教育专业培养目标也应与时俱进，不能停滞不前。当今时代的发展决定了学前教育专业发展的未来方向，人才培养目标也应完善趋向卓越幼儿教师培养目标要求，把握时代特性和前瞻性。

对比当今卓越幼儿教师培养要求，九所样本院校都相对欠缺对"勇于创新教学""善于综合育人"以及"具有终身学习发展能力"等培养目标的重视。因而，各个高校都应审时度势，即及时发现人才培养目标存在的问题及不足，根据当今卓越幼儿教师培养的时代要求，汲取不同院校培养的经验和不足，不断完善和优化各自院校学前教育专业人才培养目标。只有这样，我国高校学前教育专业才能培养出顺应时代发展及国家需要的专业人才。

---

① 何美. 科学教师专业标准与评价体系 [M]. 北京：北京师范大学出版社，2015：9.
② 教育部教师工作司. 教师教育课程标准（试行）解读 [M]. 北京：北京师范大学出版社，2013：1.

二、建立均衡协调的模块化课程结构

课程结构是人才培养课程体系的另一基本构成要素，同时也是课程设置的关键环节①。《教育部关于教育课程改革意见》中明确提出要"优化教师教育课程结构""遵循教师成才规律，科学设置师范教育类专业公共基础课程、学科专业课程和教师教育课程"，但由于教育部没有严格规定整体课程结构及比例标准，因而造成各个院校的学前教育专业课程结构呈现各异，有失规范。混乱无序的课程结构不利于实现课程目标，因此各个高校学前教育专业都应建立以培养目标为导向充分反映出培养目标的要求的课程结构，力求课程设置与课程目标适切，课程结构均衡且协调。

（一）规范课程设置，科学划分课程模块

当前我国高等师范院校学前教育专业课程设置的学分数、模块划分、各模块开课内容及开设科目数具有较大的不同，根据上文对课程结构的分析，所调查的九所高等师范院校课程结构划分有八种，整体课程结构具有一定的随意性和混乱性。部分院校根据自身对课程标准的理解突破了通识教育模块、专业教育模块、综合实践教育模块的传统课程框架，单独划分新的课程模块，然而在删减和增加课程模块上呈现出随意性和盲目性的状态，致使各个高等师范院校学前教育专业课程结构及不同层次高等师范院校学前教育专业的课程结构呈现各异，从而难以实现培养目标所预期培养结果。因此，规范高等师范院校学前教育专业课程结构，科学划分课程模块，使其具备逻辑性和统一性是培养卓越幼儿教师课程设置的当务之急。

当前高等师范院校学前教育专业课程设置需要以卓越幼儿教师培养目标为导向进行适时调整。一方面要根据卓越幼儿教师专业知识、专业能力、专业素养等方面的要求，设置不同的课程模块，以便于最大限度地实现培养目标要求；另一方面要根据《教师教育课程标准（试行）》中有关幼儿园职前教师教育课程设置建议，改变当前课程设置内容重复、课程科目繁多等问题，科学合理地编制卓越幼儿教师培养课程方案，从而有效衡量课程实施水平及培养目标达成度。目前高等师范院校学前教育专业课程设置需要以《幼儿教师专业

---

① 谢山莉. 小学全科教师培养研究 [D]. 郑州：河南大学，2018.

标准（试行）》《教师教育课程标准（试行）》以及《师范类专业认证标准（暂行）》为质量基本准线和重要尺度，其中《幼儿教师专业标准（试行）》规定关于卓越幼儿教师培养课程必须达到的基本规范，而《教师教育课程标准（试行）》是教师教育机构课程实施水平的重要标志，学前教育专业师范类专业三级认证标准是目标导向的卓越追求。

（二）合理调整课程模块学分占比

卓越教师培养计划不仅要求建立模块化的教师教育课程，同时要求课程结构上满足选择性和实践性的要求，其中"选择性"主要体现在选修课与必修课的结构安排上，"实践性"主要体现在理论课与实践课的结构安排上。因而，高等师范院校学前教育专业的课程设置不仅要兼顾人才培养目标达成度的统一性，同时也要体现人才培养的多样性和院校的特色性，重视理论课程建设，同时要强化实践环节开展，在注重课程统一性的同时，同时强调课程的选择性，在关注专业知识掌握的同时，也要强调专业能力的实践。

目前所调查的九所高等师范院校学前教育专业在课程设置结构中，必修课所占比例过大，选修课所占比例较小，部分院校的专业选修课学分与通识选修课学分相当，弱化了专业教育课程的选择性，在一定程度上限制了学前教育专业学生的个性发展。而在专业理论课和实践课学时中，大多数院校欠缺规划和呈现理论课时的具体安排。培养卓越幼儿教师，高等师范院校应当提高课程设置中的选修课程学分占比，更新选修课程开设内容，将学科前沿知识、课程改革和教育研究最新成果充实到选修课内容中，扩大学前教育专业学生选择空间；另一方面，高等师范院校要规范理论课时与实践课时分配，在课程设置中将理论与实践并重，重视课堂实践教学环节，建立配套的实践考核制度，保障实践教学的开展实施。

三、整合课程内容，增强课程综合性和针对性

课程是实施人才培养目标的具体途径，在人才培养中起着核心作用。学前教育专业课程开设科目内容是学科独特性最直观的表现。卓越幼儿教师培养要求课程内容体现学前教育的专业性，同时注重基础性、科学性、综合性和实践性，因而整合高等师范院校学前教育课程内容是培养卓越幼儿教师又一重要举措。

（一）通识教育课程内容与专业教育相融合

通识教育和专业教育作为人才培养体系中的重要组成部分，对于培养高素质、专业化、创新型卓越幼儿教师具有重要的意义。通识性知识及素养对于生活在信息快速发展时代的人来说，尤为重要。对于幼儿教师职业而言，通识性知识更是必有的知识储备，由于教育对象是处于生活和知识双重启蒙的幼儿，对探究世界的好奇心驱使他们时刻准备询问"十万个为什么"，而作为启蒙者的幼儿教师，对于幼儿的好奇心必须采取保护和促进的态度，因而只有具备广博的文化知识，才能满足幼儿对世界的探索和认知的需求。

所调查的九所高等师范院校学前教育专业的通识教育课程内容和专业结合紧密度不高，特别是选修内容设置上更新较为滞后。在通识与专业相融合的趋势下，高校一方面可以在通识教育课中融合与幼儿园五大领域教育活动相近的学科知识，形成"融合课程"，丰富学前教育专业学生基础科学文化知识；另一方面也可以将新开设的跨学科教育知识进行整合更新，将学前教育研究前沿知识、课程改革和教育研究最新成果充实到通识课内容中，拓展学前教育专业学生的国际视野和专业理念。

（二）优化专业课程内容，提升学生艺术素养

专业教育课程是培养学前教育专业学生职业素养的理论基础。卓越幼儿教师培养在强调知识体系完整性的同时，也要注重专业教育知识的整合优化，避免知识内容出现重复讲解，加强专业教育与培养目标的针对性，注重专业基础课与专业技能课的连贯性，实现课程专业化、精炼化和可操作化。

在学前教育专业学生培养中，通过专业技能课培养学生艺术素养是提升专业素养的一种重要途径。在设置专业技能课学时安排中，高等师范院校应该将专业课程融入学前教育专业每个学期的授课计划中，确保能够持续不断地给学前教育专业学生进行艺术熏陶，为学生提供充足的机会学习和锻炼专业技能。另外，专业技能课程应根据幼儿园实际工作所需要的内容为基础，避免直接照搬艺术类专业课程或是将课程进行随意拼接、移植，学前教育专业技能课要体现幼儿园教育的特殊性，培养学生专业技能时应面向幼儿园，使学前教育专业学生习得的专业技能做到学以致用。

（三）整合教师教育课程，适切卓越幼儿教师培养要求

教师教育课程模块是提升师范生专业性的重要途径，也是保证师范生培养

质量的关键标杆。然而通过上文分析发现，大多数高等师范院校开设的教师教育课程内容上存在一定的随意性和滞后性，各个院校之间的教师教育课存在较大的差异，既有课程开设内容的重复，也有缺乏时代发展所需的课程内容，对某些学习领域课程开设较少甚至没有开设的问题。具体而言，高等师范院校学前教育专业应当增设关于特殊儿童发展与学习、0~3岁婴幼儿保教、幼儿园环境创设、幼儿园与家庭、社会及学前教育政策法规、师德养成等教师教育课程内容，同时也要整合幼儿认知、幼儿活动指导等课程内容，更新幼儿教师信息素养培养内容等。总之，为促进卓越幼儿教师培养，加强教师教育课程内容整合，切合卓越幼儿教师培养要求具有重要意义。

首先，高等师范院校应在儿童发展与学习领域中增设关于特殊儿童发展与学习的课程内容。这不仅适切卓越幼儿教师培养目标中融合素养的要求，而且能够丰富学前教育专业学生的理论知识，拓宽关于儿童认知及学习的知识范围，同时也拓展了学前教育专业学生的就业方向和范围。随着社会多样化需求的发展，亲子机构如雨后春笋一般涌现，而大多数高等师范院校教师教育课程主要关注3~6岁幼儿园阶段的教育，对于0~3岁婴幼儿保育课开设甚少。为反映当前时代气息，体现课程设置的前瞻性，高等师范院校的教师教育模块要关注和增设关于0~3岁婴幼儿教育、亲子教育的课程，一方面有利于学前教育专业学生能够从发展视角全面认知幼儿成长规律和特点，另一方面也扩大学生的工作范围。其次，重视幼儿园环境创设课。瑞士心理学家皮亚杰认为"个体是在与环境相互作用中得到发展的"，多年的教学实践证明，幼儿经验的获得与自身和周围环境相互作用有着密切的关系，环境作为一种"隐性课程"对幼儿的发展有着潜移默化的影响①。卓越幼儿教师培养要求也明确指明：创设安全舒适的班级环境，通过环境影响感染幼儿。增设家庭及社区课，一部分原因同样是源于其对幼儿成长过程中产生潜移默化的影响，其次也有助于培养学前教育专业学生沟通协作能力。再次，增设幼儿教育政策与法规课程有助于指导幼儿教师正确运用国家和地方政策法规，依法维护教师及幼儿的合法权益，有助于幼儿教师按照国家有关幼儿教育的具体标准和指导性文件的要求，按照幼儿身心发展特点科学安排教育内容，科学育儿②。最后，高等师范院校除了要增设教师教育课程外，也要根据每个学习领域开设科目及内容进行

① 罗会. 幼儿园环境创设的教育价值取向：基于三种教育模式环境观的比较 [J]. 教育教学论坛, 2018（43）：203-205.

② 王利军. 幼儿教育政策法规课程开设的必要性及建设研究 [J]. 黑龙江教育学院学报, 2016（9）：47-49.

有效的整合及更新。具体而言，高校应当去掉重复开设的课程内容，改革课程教学内容，加强现代信息技术课程建设，将信息技术新成果融入卓越幼儿教师培养课程中。

（四）丰富和落实教育实践课程模块，促进理论与实践相融合

高等师范院校教育实践课程是培养学生运用所学知识分析教育实践问题、解决实践问题能力的有效途径。对于学前教育专业来说，教育实践对于学生了解幼儿实际情况、初步开展教学实践、积累基本的教学经验、提高学生从事儿童保育和教育活动的实践能力有着重要作用①。根据上文分析发现，目前九所样本院校学前教育专业的教育实践课程开展形式主要以教育见习、教育实习、毕业论文三大类型为主，并且在学分和学时上远未达到《教师教育课程标准（试行）》的要求，因此丰富和落实教育实践课程成为教育实践环节的当务之急。

教育实践学分占比较低、学时较短是当前九所高等师范院校学前教育专业课程设置中一个较为明显的问题。教育实践是教师培养过程的重要环节，对于卓越幼儿教师培养具有非常特殊的意义。因此，提升教育实践课程学分比重、延长教育实践学时是当前高校学前教育专业教育实践课程改进的第一步。教育实践课程延长并不是要求课程超载，而是要对相关教育实践课程进行必要的整合。要适当压缩通识教育课程和专业教育课程的学分比例，提高教育实践能力培养课程的比例。其次，要丰富教育实践形式，注重教育实践的效果。具体而言，高校可以开展模拟实习、集中见实习、分散见实习、顶岗见实习及教育研究实习等多种形式的教育实践方式，或是利用院校自身条件开设教育技能实践、幼儿园教育活动组织竞赛等个性化教育实践活动，丰富开展教育实践环节。同时，高校要适当增加和相对稳定教育实习基地，开展课堂或是学期性的集中组织见实习，便于学校对学生的检查和指导，提高见实习的质量②。

落实教育实践课程实施，最重要的途径是制定具体有效的实践课程标准，明确各个阶段教育实践任务，建立教育实践评估制度，切实考核评价教育实践效果，推动教育实践课程的落实。高校可以开发卓越幼儿教师培养实习指导手册，在教育实践开展前进行全方位的动员，明确见习、实习工作任务的规划和

① 王迎兰. 学前教育本科专业实践性课程的设置现状与改进［J］. 学前教育研究，2012（11）：53-55.

② 由显斌. 浅析幼儿园教改背景下的学前教育专业课程设置［J］. 大庆师范学院学报，2010，30（1）：144-147.

安排，规范学前教育专业实践内容，使得教育实践活动能够进行客观指导和评价，促进教育实践有效开展。教师的专业是实践的专业，教师的专业发展必须落实到教师"育人实践"能力的提升上[1]。落实教育实践课程实施，需要明确规定各教育实践环节的目标，加强各实践环节的内在联系。教育实践不仅是对教育理论知识的应用与验证，同时也是为了帮助实践者在真实教育情境中提高自身的专业知识和专业能力，不断提升自身的专业发展[2]。专业教育课程与教育实践课程相互融合，需要学前教育专业学生将所习得理论及能力都付诸实践过程，根据课堂上所掌握的理论原理，结合自身参与教育实践活动中的实际情况，促进专业教育知识在教育实践过程中有所应用及反馈。毕业论文的完成过程对于卓越幼儿教师培养而言，本质就是教育研究方法理论课程在教育实践环节的实施与反馈，学前教育专业学生在撰写论文过程中不断提升自己发现问题、解决问题的研究能力，同时也为以后教学过程中创新教育教学奠定了基础。因而，专业教育课程内容与教育实践课联系也是促进理论与实践相融合的有效手段。

四、卓越教师培养理念融入教师教育课程目标

高等师范院校学前教育专业培养目标体现在五大方面，即热爱幼儿教育事业，师德高尚；专业基础知识扎实；较强的保教能力，具有创新精神；具有专业发展能力；德智体美劳全面发展。《教育部关于实施卓越教师培养计划的意见2.0》中提到要培养造就一批"教育情怀深厚，专业基础扎实，勇于创新教学，善于综合育人，具有终身学习发展能力的高素质专业化创新型中小学、幼儿教师"。这两个理念既有共通性又有很大区别。教育部提出的卓越教师培养标准要加符合新时代的新要求，不管是对师范生的素养提升还是对幼儿教育质量的提高都有很大的推动作用，所以高等师范院校在进行培养目标设定的时候就需要体现学生这种"育人"性的特点。从卓越教师培养计划的各项政策可以看出国家对今后教师培养的重点是要加强综合素养、国际视野，所以应该多融入目前教师教育方面最前沿的思想、改革举措、改革模式等，在课程设置上尤其要有所体现，应该设置相应的专门课程。比如在课程教学上有对分课堂、

---

① 教育部教师工作司. 教师教育课程标准（试行）解读 [M]. 北京：北京师范大学出版社，2013：78.

② 谢山莉. 小学全科教师培养课程设置研究 [D]. 郑州：河南大学，2018.

慕课、翻转课堂等，要单独设置一些课程体系来支撑它，应该让专业的老师用最新的技术来讲授。能够让学生了解国内外教育发展动态，为成长为一名卓越教师打下坚实的基础。然后，每所学校还应该根据学校校情和地方具体情况，设置有特色和差异的培养目标。所以总体来说，培养目标的设定既要统一又要有特色，培养卓越幼儿教师的方向不变，关注学生综合素养、专业化水平和创新能力，立足学校现实，设置既统一又有特色的教师教育课程目标。

五、设置合理的教师教育课程

（一）单独开设教师教育课程模块

虽然《教师教育课程标准（试行）》在 2011 年就已经颁布实施了，但是真正单独设置了教师教育课程模块的学校非常少，很多高等师范院校还把教师教育课程分散在专业基础课程和专业核心课程中，导师教育课程特别分散，所以总体上来说，高等师范院校还缺乏"教师教育课程"整体理念。为什么要单独开设教师教育课程模块？首先是国家政策的支持，《教师教育课程标准（试行）》的颁布是教师教育课程单独设立模块的标志，"标准"很详细地介绍了教师教育课程目标、学习领域、学分等内容。在《教育部关于实施卓越教师培养计划的意见》中明确提出了"要落实《教师教育课程标准（试行）》，要打破教育学、心理学、学科教学'老三门'的课程体系，开设的教师教育课程具有模块化、选择性和实践性的特性。"另一个原因是教师教育课程与其他专业课程的区别，教师教育课程主要是关于师范生怎样教学的理论与实践课程，比如"教育学原理""课程与教学论""教育心理学"等课程。而其他专业课程比如"文学基础""古代文学""空间几何"等都是关于学科方面的课程，是师范生用什么教的问题，这两者是完全不一样的性质，不能混同。现在很多高等师范院校把两者混合在一起，其实这是一种逻辑比较混乱的表现。单独开设教师教育课程模块，有利于学校认真审视各类课程，发现各类课程的不足，有利于进行课程改革。所以单独开设教师教育课程模块从政策到理论到现实都是有据可依、有理可寻的，是各高等师范院校应该进行的。

（二）协调教师教育课程内部结构

《教师教育课程标准（试行）》提出了六大课程学习领域即儿童发展与学习、幼儿教育基础、幼儿活动与指导、幼儿园与家庭、社会、职业道德与专业发展、教育实践，提出了每个学习领域都是学习者的必修学习领域，建议各领域都是可以供学习者或教师教育机构自由组合的，可以是必修的也可以是选修的。在这样的标准之下，各大高校在进行教师教育课程设置时都必须参考这个意见，在六大学习领域内设置相应的课程供学习者学习。但是通过对高等师范院校教师教育课程结构的分析，发现教师教育课程内部结构存在一些不合理的现象。比如重点开设学前教育基础课程和幼儿活动与指导课程，对儿童发展与学习关注较少，课程门类不多，提供给学生的选择性也较少。尤其是心理健康与道德教育，还有部分学校没有开设相关课程。各高校应根据教师教育课程标准的具体要求，对每个学习领域都要设置足够的必修课，还应根据各学校自身特点和学生学习的兴趣设置尽可能多的选修课，满足学生自主学习的需求。还要关注现在课程设置中比较缺少的领域，比如儿童发展与学习、心理健康与道德教育、职业道德与专业发展等方面。这些学习领域的课程相对课程少、学分低，学校应该丰富这些课程模块，提供足够多的课程供学生选择、学习，以支撑人才培养目标和学前专业必要求。

（三）不同目标定位的学校应该注重课程特色

现在高等师范院校在具体的目标定位方面出现两种倾向，一种是以培养幼儿教师为主的单一型定位，一种是以培养幼儿教师、管理者、研究者等多元人才的复合型定位。但是在具体的课程设置上，就没有显现出两者的特色。针对不同的人才培养目标定位，教师教育课程设置可以有所侧重。在核心课程设置上保持一致，六大学习领域的课程都应该设置，特别是针对薄弱的儿童发展与学习领域，可以开设儿童发展模块课程，学前儿童认知与学习模块课程；从理论到技能到实践，基本的核心课程都要体现，但是在选修课程的设置中就可以丰富多样了。单一型定向学校可以根据学生的兴趣爱好和学校自身条件，开设一些学科专题课程、师范生技能课程。复合型定位学校就可以设置管理类、教育教学研究类、幼儿身心发展类、教师专业发展类专题课程，满足不同学生的学习需求和人才培养目标达成。

（四）丰富教师教育课程内容

从《教师教育课程标准（试行）》的学习目标与学习领域来看，被调查高等师范院校人才培养方案教师教育课程特色不明显，与新的师范专业认证不接轨。新发布的《教育部关于卓越教师培养计划2.0的意见》提出了教师培养的新思路是"教育情怀深厚，专业基础扎实，勇于创新教学，善于综合育人，具有终身学习发展能力"。还提出到 2035 年，师范生的综合素养、专业化水平和创新能力显著提升。为了实现这一目标，人才培养方案的改革势在必行。

1. 课程设置关注儿童与教师的学习、发展与心理健康

总体说来，高等师范院校的教师教育课程设置缺乏对儿童的关注，更多的是一些笼统的教育课程，比如"教育学""教育心理学""心理学基础"等，对学前儿童身心发展特点、学习方式和学习特点关注不够。教师和儿童的心理健康也是一个非常重要的问题，随着社会的发展，人们的物质生活水平提高了，但是心理健康问题也逐渐凸显出来，所以这一类课程在现实生活中是非常重要的，高等师范院校要能够引起足够的重视。对于准教师来说，职前教育阶段是一个教师的启蒙阶段，要想成为一名卓越教师首先就要对教师职业、职业对象、工作特点有深入的了解，只有真正认识和了解学前儿童，才能成为一名合格的幼儿教师。要设置课程教会师范生学会发展，师范生要具有终身学习与专业发展意识，具有国际视野，了解国内、外学前教育改革发展的趋势和前沿动态，还要具有反思思维，掌握反思的方法和技能。

2. 增加教师职业道德与教育政策法规类课程

立德树人是教师的根本要求。教师职业道德是教师在教学过程中应该遵循的职业规范，又称"师德"，它不仅仅包含一般的职业道德，更是处理好教师与保教、教师与幼儿、教师与教师、教师与家长等的行为准则。教师职业道德主要包括职业理想、职业责任、职业态度、职业纪律、职业技能、职业作风、职业荣誉等八个要素。教育部颁布的《幼儿教师十项职业行为规范》对幼儿教师职业道德做了明确的界定，1981 年 1 月 1 日，新中国第一部教育法律——《中华人民共和国学位条例》正式实施。至此，拉开了中国依法治教的帷幕。随后《中华人民共和国教育法》的颁布和实施，标志着具有中国特色的社会主义教育法律体系的基本框架已经形成，标志着我国走上了依法治教的轨道。依法治教对确保教育优先发展的战略地位，实施科教兴国的战略有着十分重要的意义。对幼儿教师来说，学习教育政策法规是做好保教工作的前提和保障。所以高等师范院校不仅要加强课程师政，还应当增加教师职业道德和教育政策法规类课程。

（五）加强对教师教育课程实践性的关注

1. 加强教师在教师教育课程中的执行力度

教师是教育内容对学生起作用的媒介，教师教育课程的具体执行情况和实

施效果，关键点还是在教师的素养和执行力方面，所以教师在教师教育课程中的执行力度是非常重要的。在前面的问题阶段也提到过，教师对实践学时的完成度、教师的教学方式、教师课程内容的完成度以及教师对学前教育现状的了解程度，都影响着教师教育课程的具体运行情况。所以为了提高教师的执行力度，从学校层面来讲，要建设教师教育课程的质量保障体系，建立完善的教学质量保障体系，对教师教育课程的各教学环节，要有清晰明确、科学合理的质量要求，比如明确对实践学时的完成要求，明确教师课程内容达成度的要求。其次，要建议教学质量监控与评价机制，对每个教学环节进行监控与评价，并能有效执行。最后，学校要给予支持条件，教育教学设施设备要完善，建立职业技能实训平台和在线教学观摩指导平台，满足各项实践教学的需要，比如"三字一话"、微格教学、实验教学、远程见习等。这样学前教育专业教师就可以在这些设施设备的支持下灵活地进行教育实践课程，运用在线教学等多种平台对师范生进行多种方式的教育教学。学校还需要进行基地建设，建立长期的教育实践基地，与地方教育行政部门和幼儿园建立"三位一体"的协同培养机制，不仅学前教育专业学生可以进行实践锻炼，学前专业教师也应该经常去了解幼儿园的教育现状。

2. 学生应该注重自身的主体参与和体验

《普通高等学校师范类专业认证实施办法（暂行）》明确规定要定期进行课程评价，"评价课程体系的合理性和课程目录的达成度，并能够根据评价结果进行修订，且评价与修订过程应该要有利益相关方的参与。"那么评价和修改教师教育课程的利益相关方就应该要有本专业师范生、教师、教学管理人员及其他利益相关方的参与。所以高校在进行教师教育课程设置时，应该将人才培养的利益相关方的意见采纳。

六、高等师范学院学前教育专业教育实习的优化策略

结合学前教育专业课程和教师教育课程的设置，在教育部关于加强实践教学环节、实践教学课程化的要求下，高等师范院校学前专业本科教育实习应在时间和质量方面细化和落实。

（一）科学合理安排教育实习时间

美国教育家杜威（Dewey J）曾论述过："一切教育都能塑造智力的和道德

的品质，但是这种塑造工作在于选择和调节青年天赋的活动，使它们能利用社会环境的教育。而且，这种塑造工作不只是先天活动的塑造，而是要通过活动来塑造"。① 这充分论证了实际操作对于师范生学习和发展的重要价值。现代教育要求教师要有广博的知识和能将所学知识运用到实际工作中的能力，而实现这一要求的重要途径恰恰是教育实习。由于幼儿教育对象的特殊性要求师范生不仅需要了解教育的方式方法，还要对不同年龄阶段幼儿的特点进行了解，甚至包括有些幼儿的个性特点。因此，在高等师范院校幼儿教师人才培养中，从师范生接触教师教育课程开始就应当渗透实践教学，并且贯穿于师范生在校学习的始终。比如教育见习、实习，从师范生大一就可以开始，以见习的模式，让师范生多了解，多观察，知道幼儿园到底是什么样的，了解幼儿教师的一日活动组织流程、各个教学环节、活动组织等各项环节。大三、大四就可以深入实习，自己动手操作，并且实习不一定全部一学期都堆积在大四进行，可以分配到各个学期，这样师范生在实习一定阶段后，再回到学校进行反馈与反思，就能够在教师的帮助下快速解决遇到的困难与问题。

除此以外，教育部提出了"教育实习不少于1个学期"的要求，高等师范院校应该延长教育实习时间，认真落实教育实习周数不少于18周的基本标准，提高师范生的实践应用能力。芬兰的教育实习就是分阶段进行的，属于螺旋式课程设计，逐步加深，被称为"进阶"教育，每年都有不同的任务，一共分为三个阶段：初始实习阶段、基础实习阶段和进阶实习阶段，每个阶段都不是独立的，而是紧密联系的，前阶段是后阶段的基础，后阶段是前阶段的深入。通过这样的教育实习的方式，极大地促进了实习生的实际教学能力。因此，在教育实习过程中，除了要制定教育实习学期目标以外，也应当分阶段制定教育实习目标。如在实习的第1周至第4周，实习生可以先适应基地园和班级环境、对保育和教育活动进行观察学习；第5周至第8周，实习生可以在教师的指导下进行试讲、适当参与班级管理；第9周至12周，实习生可以适当参与园内科研活动、班级教学活动；第13周至18周，实习生可以独立组织一日生活活动、学会用正确语言与家长进行简单的沟通等。通过合理安排各个实习阶段的时间，制定各阶段的实习目标，可以让实习生和教育实习指导教师都能够更加明确教育实习的任务，从而提高教育实习的质量。

---

① DEWEY J. 民主主义与教育 [M]. 王承绪，译. 北京：人民教育出版社，1990.

（二）加强园校互动模式

1. 提高对教育实习的重视程度

幼儿园是高等师范院校技能训练的实践基地，高等师范院校又是幼儿园理论提升的平台。通过高等师范院校与幼儿园的相互合作，可以充分发挥各自优势，共同对高等师范院校学前教育专业的学生进行培养，这样不仅能够提高学生的理论素养，还能加强学生的专业技能，同时为幼儿园储备优秀幼儿教师打下良好基础。因此，高等师范院校和基地园都要提高对教育实习工作的重视程度，基地园应当组建教育实习领导小组，合理安排实习生的教育实习任务，与高等师范院校积极合作与沟通。高等师范院校也应当加强与基地园的平等交流，合理安排教育实习工作，高等师范院校实习指导教师在教育实习合作过程中，不仅能为基地园教师提供指导和帮助，同时能反省并认识自身存在的不足。最后以便达到教育实习合作双方可以相互借鉴，取长补短的效果。通过园校双方教育实习的有效互动来实现互惠共赢，确保园校双方可以共享合理的幼儿教师人才培养、有效的课程研发以及共同服务于社会的合作成果。

2. 健全实习管理制度、完善监督制度

为了使教育实习顺利而有效地进行，高等师范院校要集中组织教育实习，对教育实习全过程实施质量监督。首先高等师范院校要健全实习管理制度，让实习管理更加规范化，在教育实习前期准备过程中，高等师范院校应当为实习生做实习动员大会，一方面可以激励师范生，让师范生以饱满的热情迎接实习工作，另一方面也让师范生可以明确自己实习的任务、目标和要求等，以便提前为实习做好准备。在教育实习的过程中，高等师范院校应当对实习生的实习活动进行全程的监督和指导，通过高师教育实习指导教师定期到基地园进行走访、与基地园实习指导教师沟通交流、进班观察实习生的实习情况等形式，不仅可以了解到实习生在教育实习中的表现，还能监督基地园对教育实习的指导情况，从而确保教育实习的质量不断提高。

3. 加强园校沟通，促进深度合作

高等师范院校与基地园在教育实习开始之前就应该进行沟通交流，高等师范院校应当先了解基地园近期工作计划，避免因为教育实习安排与基地园计划安排相冲突，所以应当提早进行沟通，以便有足够的时间进行相应的调整。

在园校的沟通方式上，应该多向互动沟通，很多高等师范院校只是与基地园领导沟通，缺乏与基地园实习指导教师的沟通，在教育实习前，高师实习指导教师、基地园实习指导教师和基地园领导应该共同商讨实习的指导，让基地

园实习指导教师可以更清楚高师学前教育专业实习生的情况，也了解高师对于教育实习的要求。在教育实习期间，高师实习指导教师与基地园实习指导教师积极沟通，可以积极建立教育实践管理信息系统平台，探索教育实习现场指导与远程指导相结合的新模式，此模式可以实时了解教育实习的阶段性进度，还能及时解答实习生的困惑，从而缓解高师实习指导教师的压力。在教育实习结束后，园校双方还应该对教育实习进行积极交流与沟通，对教育实习全程进行总结，以便园校双方共同总结经验，发现问题，提出改进的建议，为以后园校的进一步深度合作奠定坚实的基础。

（三）加强教育实习指导教师队伍建设，提高指导效能

1. 严格教育实习指导教师的选派

实习指导教师不仅会影响到实习生的教育实习质量，还会对实习生的职业认同产生一定的影响。因此，对于教育实习指导教师的选派是尤为重要的。首先实习指导教师要选择具有一定教学经验与资质的，基地园实习指导教师需具有中级及以上职称、专科学历及五年以上从教经历或本科学历及三年以上从教经历。如果没有足够满足条件的实习指导教师，可以让一些经验丰富的老教师辅助其他实习指导教师，这样不仅可以帮助年轻的实习指导教师获得实习指导的经验，还可以让实习生从老教师那里收获到更多的教学经验。其次，实习指导教师还应选派具有责任心和耐心的教师，因为幼儿教师日常的教学工作极其繁琐，部分教师不愿意占用空闲时间对实习生进行指导，对于实习指导也是浮于形式化，从而影响到教育实习的质量。对于高等师范院校教育实习指导教师的选派，教师应当熟悉幼儿教师专业标准、幼儿园教育教学工作等各项标准，并且每五年都应该有至少一年的幼儿园教育服务经历，高师教育实习指导教师还要能够指导幼儿园开展的教育教学工作，并且自身要有一定的教学研究成果。这样不仅可以更加有效地对实习生进行教育实习指导，还能够促进基地园的教育教学活动以及科研课题活动的开展。

2. 开展教育实习指导教师的培训

针对一些教育实习指导教师指导效果不够好、教学经验不够丰富的情况，可以对实习指导教师进行一些培训。通过调查我们发现，在教育实习的过程中，很多基地园实习指导教师不知道实习生在学校已经学习和正在学习什么，导致实习指导教师的指导工作不能与实习生已有经验有效地结合。所以，高等师范院校和基地园都应该认识到培训的重要性，共同合作和组织指导教师的培训工作。高等师范院校学前教育专业教师可以利用自身资源，定期到基地园为

指导教师开展教育实习相关讲座，如怎样观课、评课的指导训练，怎样与实习生进行正确的沟通等方面内容，可以增强基地园实习指导教师的教育实习指导能力与指导责任感。同时还可以参照国外的一些培训模式，比如小组活动、小组座谈、视频讲座等，通过让实习指导教师们相互交流学习来开展教育实习的培训，从而可以使他们弥补自身的不足之处，提高教育实习指导效能。

3. 构建教育实习指导教师评价体系

教育实习不仅对实习生要进行考核评价，对于实习指导教师也应当进行适当的评价。在高等师范院校中，很大部分学校并没将教育实习指导列入考核之中，有的院校虽将实习指导列入服务项目中，但是所占的比重还是比较少的，这会影响教师的指导积极性。因此，对高等师范院校教育实习指导教师应当制定实习指导考核表，比如考核指导教师在基地园的出勤率、和基地园实习指导教师沟通频率等；对实习指导教师所指导的实习生进行匿名的调查，将所有学生的评价整理汇总，作为最终考核的重要依据；对于指导教师也可以进行考核，可以是写实习指导总结，也可以进行口头报告等；还可以对实习指导教师所带领的实习生进行考核，查看实习效果，从侧面也可以看出教师的指导效果。

4. 实行"双导师"制的教师指导路径

"双导师"是指高等师范院校学生在进行教育实习互动过程中，在校内与基地园内各有一名经验丰富的教师共同担任教育实习指导教师，分别从理论知识层面和实践层面进行指导。实习生在教育实习过程中，双方导师及时有效指导是极其关键的，不仅可以帮助师范生快速解决实习中遇到的问题，还可以帮助实习生形成丰富的实践性知识，从而提高实习生的教育教学能力，促进实习生的专业成长。"双导师"还可以共同商讨制订学前教育专业师范生实践活动的实施方案，这样避免了由高等师范院校一方独自制定人才培养方案的模式，形成双方共同研制的局面，高等师范院校与基地园从各自的培养目标出发，这样对学前教育专业师范生的培养更具有适应性与针对性。"双导师"对师范生的指导还可以让课程教学的内容和方法不断加速更新，有助于学前教育师范生的教育教学能力的提高。高师教育实习指导教师在实习生实习期间，应当回归到过去传统的实习指导方式中，与实习生同吃同住，深入地了解实习生的实习状况，才能更加及时、有效地对实习生进行指导。而基地园实习指导教师除了在园对实习生进行指导以外，高等师范院校还可以将基地园优秀的幼儿教师邀请到高师课堂中，通过基地园教师精彩的案例讲解，丰富的一线教学实践经验的讲座，提高师范生的教学实践认知。

（四）构建多元教育实习评价体系

实习生的教学能力是一个连续的、循序渐进的过程，也是一个由量变到质变的动态过程。为了让教育实习顺利地进行，并且让实习生可以从中得到进步与发展，应当构建多元化的教育实习评价体系。目前大部分高等师范院校和基地园的实践教学评价方式都是结果性评价，并且只是一个简单的分数或等级呈现，教育实习考评重视程度也是比较低的，不能反映出学生的实践情况，教师也无法了解学生真正的成长情况。因此，要对实践教学活动的考核方式进行改革，重视学生实践教学活动的过程评价，因为这样的评价更全面、客观，更能调动学生的学习兴趣和主观能动性。

首先，要制定明确的评价标准，这个标准是高等师范院校和基地园教育实习目标、要求的具体反映，有很强的指导作用。如在教学工作态度中，考察实习生的组织纪律、规章制度的遵守和试教任务的完成；在课前准备中，考察实习生能否独立地解读教材，撰写教案设计、熟悉教材内容和虚心听取指导教师的意见；在课堂教学中，考察实习生教学的目的是否明确、重点是否突出，难点是否突破，能否教态自然、语言清楚地组织幼儿进行教学，能够灵活地选择教学方法；在班级管理中，考察实习生能够独立组织一日生活活动，对个案幼儿进行观察，并对撰写的调查报告进行评价；在实习生的调研能力方面，考察实习生能否运用正确的方法搜集资料、整理资料、写出有一定价值的调查报告。除了对实习生进行常规教育教学能力的考评以外，对于实习生的反思、研究能力也要提出要求。对实习生上交的实习总结报告也应当有评价的标准，考察材料是否丰富、内容是否充实、体会是否深刻等。

其次，在实习生实习评价人员上，除了指导教师单独的评价外，应该是将高师实习指导教师、基地园实习指导教师与学生自评相结合。基地园教师从实习生的日常表现、教育教学能力、工作态度等进行评价；高师实习指导教师可以通过观察实习生日常的纪律表现、基地园教师反馈的消息、实习结束后的展示课或者实习总结报告等来进行评价；实习生自身可以通过对自己的实习收获、遇到的困难、实习感受等进行自我评价，这样可以提高学生的反思意识。最终再将高师实习指导教师、基地园实习指导教师、实习生本人等各部分的实习评价进行整理汇总，形成实习生的实习成绩。

（五）完善教育实习保障机制

完善教育实习的保障机制，可以减少教育实习过程中的各种阻力，保证实习的顺利实施，促进教育实习保障体系的合理完善。首先，基地园物质与人际环境会对实习生的职业情感态度产生潜移默化的影响，所以说基地园良好的工作环境，能够让实习生快速适应幼儿教育，并且可以提升实习生的职业情感态度。高等师范院校在选择基地园时，应当提前对基地园物质环境进行全面的考察，尽量要选择物质设施完善和硬件设施水平较高的幼儿园。对于基地园的数量，应当保证每20名实习生要有一个基地园，其中，示范性的基地园不能少于总基地园数量的三分之一。除此之外，很多基地园都处于师资缺乏的状态，所以为了吸引更多的学生入职，也为了建立长期合作的教育实习基地，基地园应当主动优化园内物质和教育资源，给实习生一个舒适的工作环境，也能促进实习生对幼儿园物质环境的认可。其次，政府部门作为宏观的调控者和监督者，可以从资源、政策和资金保障上面给予一定的支持。地方政府可以出台一些地方政策，强化幼儿教师教育培养的专业实践，给予地方教育一定的资金支持，提升高等师范院校教师教育质量。

最后，高等师范院校作为组织教育实习的主体，一方面要完善相关的机制和保障体系，形成完善的教育实习体系，另一方面，要从资金上大力支持教育实习的全过程，完善对学前教育专业实习生的实习补助和指导教师的指导经费，确保高等师范院校学前教育专业教育实习的有效开展。

（六）加强学前教育专业学生的职业认同感

学前教育专业师范生的职业认同感指个体对幼教职业合理的认识、端正的态度和积极的情感体验等内部心理机制①。职业认同感不仅是教师情感最持久的原动力，还是师范生从事幼教职业基本的心理准备。学前教育专业的师范生具备良好的职业认同感是非常重要的，他们可以提前对幼儿教师这个职业有正确的认识和态度，并且能够有目的地为未来从事这个职业做好知识和能力方面的准备。加强学生的职业认同培养，还是提高教育实习质量的关键，因此，职业认同感的培养就应当增强学生的专业情感，树立良好的职业价值观和坚定的职业信念。

对幼儿教师角色的正确认识会影响学生职业认同感的形成，通过邀请幼儿园优秀教师到校开展讲座等方式让学生提高对专业的认知，使学生成为自己学习的主体，强化自我提高专业意识。对学生的专业情感教育除了通过认知方

---

① 王艳玲. 学前教育专业本科生的职业认同：困境与消解 [J]. 长江大学学报（社会科学版），2011，34（7）：135-137.

式，还需要体验的方式，可以通过让学生亲身参与、进行案例分析及情景化训练等模式，增强其自我体验，并且可以发挥自身的积极性和主动性，对待专业学习可以保持乐观的态度，热爱幼儿教育事业。当学生对所学的专业有了正确的认识，才能对职业有正确的定位。所以要帮助学生树立远大的职业理想，让师范学生既能认识到幼儿教师职业的神圣感和使命感，也能够认识到职业面临的巨大压力。所以从学生选择学前教育专业开始，就要注重对其专业意识的培养，并且要将培养意识贯穿学生学习的始终。学生在校进行实践教学活动时，应当多组织一些机会到基地园，让学生可以充分了解一线教学活动，对幼儿工作有充分的认识；高师院校还应该让学生利用假期时间，进行社会实践活动，开展社会调查，了解社会职业发展动态；在学生毕业前，高等师范院校还应当有针对性地做好毕业生的就业指导，使其明确自身的态度、兴趣、就业的理想，以便能够朝着自己的职业道路不断奋斗。

七、高等师范院校培养卓越幼儿教师课程设置构想

卓越幼儿教师作为高等师范院校学前教育专业课程设置的目标取向，通过课程目标、课程结构、课程内容等方面对高等师范院校学前教育专业的课程设置进行定向设置及调控。根据《幼儿教师专业标准（试行）》《教师教育课程标准（试行）》以及《师范类专业认证标准（暂行）》对学前教育专业课程设置的新要求，培养卓越幼儿教师的学前教育专业课程设置应由通识教育课程模块、专业教育课程模块、教师教育课程模块、教育实践课程模块等共同构成，课程设置既要彰显学前教育学科的独特性，也要能够反映学前教育专业学生毕业 5 年左右在社会和专业领域的发展预期，并在高等师范院校教学过程中分解落实，能够量化评价高等师范院校所培养出的学前教育专业毕业生。表 9-1 是笔者对高等师范院校培养卓越幼儿教师课程设置构建，高等师范院校可以根据学校定位及地方特色，灵活地开展各类课程模块的课程领域，既可以通过选修与必修相结合的形式，也可采用显性和隐性课程相结合的实施方式，有效推动卓越幼儿教师培养的进程。

表 9-1　培养卓越幼儿教师课程设置构建

课程模块	课程领域	学分比重	学分
通识教育课程	思想政治教育模块	25%	10
	体育国防教育模块		8
	交流表达与信息素养模块		8
	创业就业教育模块		4
	人文社会与科学素养模块		10
教育实践课程	教育实习见习模块	25%	20
	教育课程、毕业论文模块		10
	教育教学技能实践模块		10
教师教育课程	婴幼儿及特殊儿童认知发展模块	40%	8
	国内外幼儿教育改革及发展模块		8
	幼儿园环境创设、家庭社区及幼小衔接模块		8
	幼儿园游戏活动指导模块		8
	幼儿园教育活动组织与指导模块		8
	幼儿园教育评价模块		8
	政策法规及职业道德模块		8
	教育研究方法模块		8
专业教育模块	学前教育原理模块	10%	4
	幼儿园生活指导及安全教育模块		4
	幼儿保教知识与发展模块		4
	幼儿教师专业发展模块		4
合计		100%	160

参考文献

［1］李其龙，陈永明.教师教育课程的国际比较［M］.北京：教育科学出版社，2002.

［2］王泽农，曹慧英.中外教师教育课程设置比较研究［M］.北京：高等教育出版社，2003.

［3］高等学校教学指导委员会.普通高等学校本科专业类教学质量国家标准（上）［M］.北京：高等教育出版社，2018.

［4］汪霞.课程理论与课程改革［M］.合肥：安徽教育出版社，2007.

［5］钟启泉，崔允漷，张华.为了中华民族的复兴，为了每位学生的发展：《基础教育课程改革纲要（试行）》解读［M］.上海：华东师范大学出版社，2001.

［6］教师部教师工作司.教师教育课程标准（试行）解读［M］.北京：北京师范大学出版社，2013.

［7］李剑萍.大学教学论［M］.济南：山东大学出版社，2008.

［8］单中惠.教师专业发展的国际比较［M］.北京：教育科学出版社，2010.

［9］余文森，洪明.课程与教学论［M］.福州：福建教育出版社，2015.

［10］张家雯.美国中小学卓越教师职前培养质量评价研究［D］.杭州：杭州师范大学，2016.

［11］陈振隆.澳大利亚教师教育课程的历史发展与改革研究［D］.福州：福建师范大学，2009.

［12］王美君.20世纪50年代至90年代美国教师教育课程改革［D］.天津：天津师范大学，2012.

［13］周春良.卓越教师的个性特征与成长机制研究［D］.上海：华东师范大学，2014.

［14］肖笑飞.地方师范大学教师教育课程改革研究［D］.南昌：江西师

范大学, 2009.

[15] "卓越教师"职前培养阶段课程设置研究 [D]. 重庆: 西南大学, 2015.

[16] 王德如. 论课程文化自觉 [D]. 重庆: 西南大学, 2007.

[17] 徐丹红. 教师教育课程标准的实施研究 [D]. 呼和浩特: 内蒙古师范大学, 2014.

[18] 职前教师教育课程设置研究: 以 E 大学职前教师教育课程改革个案为例 [D]. 上海: 华东师范大学, 2007.

[19] 鲁静. 我国教师教育课程体系的历史和逻辑分析: 以华东师范大学为例 [J]. 教师教育研究, 2010 (5): 66-71.

[20] 杨思帆, 梅仪新. "卓越教师计划"与教师教育课程体系优化目标 [J]. 教学研究, 2013, 36 (5): 97-100.

[21] 石中英. 准备成为一名卓越的教师 [J]. 中国教师, 2008 (23): 5-6.

[22] 李贵安, 王晶艳, 郑海荣, 等. 卓越教师: 内涵、品质及其培养途径 [J]. 当代教师教育, 2016, 9 (2): 42-47.

[23] 周先进. 卓越教师: 内涵、素质及培养 [J]. 高等农业教育, 2015 (8): 31-35.

[24] 毕景刚, 韩颖. "卓越教师"计划的背景、内涵及实施策略 [J]. 教育探索, 2013 (12): 108-110.

[25] 杜瑞军. 从教学学术到教学实践: 卓越教师基本特征探析 [J]. 新疆师范大学学报 (哲学社会科学版), 2014 (1): 119-126.

[26] 付兴林, 徐向阳, 吴金涛. 卓越教师的内涵、特征与培养策略 [J]. 教育科学论坛, 2016 (21): 61-63.

[27] 刘剑玲. 追求卓越: 教师专业发展的生命观照 [J]. 课程·教材·教法, 2005 (1): 67-73.

[28] 龙宝新. 卓越教师的独特素质及其养成之道 [J]. 湖南师范大学教育科学学报, 2017, 16 (1): 90-96, 102.

[29] 王志广. 谈卓越教师评价指标体系的构建 [J]. 教育理论与实践, 2013 (32): 28-31.

[30] 刘利平, 朱广东. 浅谈卓越教师的标准及其培养路径 [J]. 教育教学论坛, 2012 (26B): 45-47.

[31] 左岚. 论卓越教师评价标准体系的建构: 来自我国香港行政长官卓越教学奖的经验 [J]. 教育理论与实践, 2016 (3): 28-30.

［32］付淑琼.多方协同：美国"卓越教师培养项目"的质量评价机制
［J］.教育研究，2016（4）：146-152.

［33］王东杰，方彤.英国"卓越教师计划"研究：兼谈对我国"国培计划"的启示［J］.中小学教师培训，2013（8）：62-64.

［34］姜勇，张明红.追求卓越：法国中小学教师教育的改革与启示［J］.外国中小学教育，2011（6）：7-10，16.

［35］靳玉乐，肖磊.教师教育课程改革的价值诉求［J］.教育研究，2014（5）：121-127.

［36］林一钢.实践取向的教师教育课程与教学改革探索［J］.浙江师范大学学报（社会科学版），2011，36（4）：115-118.

［37］曲铁华，朱永坤.高师院校课程体系的缺失与改革策略［J］.中国高等教育，2005（3）：43-44.

［38］杨跃.教师教育课程改革的困境及其突围：基于委托—代理理论的分析［J］.湖南师范大学教育科学学报，2017，16（2）：6-12.

［39］滕明兰.对我国教师教育课程体系改革的构想［J］.教育理论与实践，2004，24（5）：48-50.

［40］王坤庆，胡中波.实践导向的专业化教师教育课程体系改革与探索［J］.课程·教材·教法，2012（12）：83-88.

［41］贺晔.英国教师教育课程改革及启示［J］.教育理论与实践，2010，30（1）：29-31.

［42］郭志明.自主建构与学科融合：美国教师教育课程改革新理念［J］.教育理论与实践，2004，24（4）：53-56.

［43］苟顺明.新世纪美国学前教师教育课程改革透视［J］.外国教育研究，2013（7）：66-76.

［44］姜勇，戴乃恩，黄创.基于"在地实践"的欧洲五国教师教育课程改革述评［J］.全球教育展望，2017，46（1）：100-108.

［45］张文军，钟启泉.教师教育课程改革的国际趋势［J］.教育发展研究，2012（10）：1-6.

［46］杜静.我国教师教育课程存在的问题与改革路向［J］.教育研究，2007（9）：77-80，85.

［47］刘筠.国外教师教育课程设置的状况及启示［J］.河南教育学院学报（哲学社会科学版），2009，28（4）：12-15.

［48］《教师教育课程标准》专家组，钟启泉，崔允漷，等.关于我国教师

教育课程现状的研究 [J]. 全球教育展望, 2008 (9): 19-24, 80.

[49] 岳刚德. 中国教师教育课程的历史变革及问题反思 [J]. 全球教育展望, 2005, 34 (1): 45-49.

[50] 杜娟. 融合视域下教师教育课程统整发展的问题与思考 [J]. 教育评论, 2016 (12): 102-106.

[51] 张文军, 钟启泉. 教师教育课程改革的国际趋势 [J]. 教育发展研究, 2012 (10): 1-6.

[52] 彭桂荣, 王正平. 中国百年高师课程体系的批判与超越 [J]. 西南民族大学学报 (人文社会科学版), 2005 (7): 313-316.

[53] 沙显杰, 李德才. 新课程理念下的教师教育课程的反思与重建 [J]. 黑龙江高教研究, 2005 (12): 108-109.

[54] 李巍. 探讨卓越教师的标准及其培养路径 [J]. 科教文汇 (中旬刊), 2015 (1): 21-23.

[55] 赖学军. 优秀教师概念的科学内涵与外延 [J]. 教育评论, 2004 (4): 55-58.

[56] 刘建银, 于兴国. 我国教师教育课程设置改革的新进展与分析 [J]. 课程·教材·教法, 2010 (2): 83-87, 108.

[57] SHULMAN L S. Knowledge And Teaching: Foundations of The New Reform [J]. Harvard Educational Review, 1987, 57: 1-22.

[58] HOYLE E. Professionalization and Deprofessionalization in Education'. in Hoyle, E. and Megarry, J. (eds), Professional Development of Teachers: Word Yearbook of Education, 1980 [M]. London: Kogan Pagam, 1980.

[59] US. Department of Eduation. Our Future, Our Teachers: TheObama Administration's plan for teacher reformd improvement [EB/OL]. (2019-04-12) [2022-11-30]. http://www.ed.gov/teaching/our-future-Teacher-our-teachers.